Perfektes Unglück

Wie ich Hoffnung und Heilung in den
Lehren von Sydney Banks und
den Drei Prinzipien fand

von

Allan E. Flood, MS

Übersetzung von
Pallavi K. Schniering

CCB Publishing
Britisch-Kolumbien, Kanada

Perfektes Unglück: Wie ich Hoffnung und Heilung in den Lehren von Sydney Banks und den Drei Prinzipien fand

Copyright ©2015, 2020, 2025 von Allan E. Flood
Copyright © 2025 von Pallavi K. Schniering
ISBN-13   978-1-77143-601-4
Erste Ausgabe

Library and Archives Canada Cataloguing in Publication
Title: Perfektes Unglück: Wie ich Hoffnung und Heilung in den Lehren von Sydney Banks und den Drei Prinzipien fand / von Allan E. Flood, MS; Übersetzung von Pallavi K. Schniering.
Names: Flood, Allan E., author.
Description: Erste Ausgabe. | Translation of: Perfect Misfortune : how I found hope and healing in the teachings of Sydney Banks and the three principles. | Includes bibliographical references.
Identifiers: Canadiana (print) 20230549179 | Canadiana (ebook) 20230549187 | ISBN 9781771436014 (softcover) | ISBN 9781771436021 (PDF)
Subjects: LCSH: Banks, Sydney, 1931-2009. | LCSH: Mental healing. | LCSH: Mind and body. | LCSH: Thought and thinking. | LCSH: Consciousness.
Classification: LCC RZ400 .F5615 2023 | DDC 615.8/51—dc23

Bildnachweis für den Umschlag: Foto © von Allan E. Flood

Allan E. Flood Kontakt:
Facebook: https://www.facebook.com/allan.flood.18
E-Mail: aflood@q.com

Verlag: CCB Publishing
               Britisch-Kolumbien, Kanada
               www.ccbpublishing.com

Widmung

Für alle, die nach Hoffnung und Heilung
in ihrem Leben suchen.

Inhaltsverzeichnis

Danksagung

Perfektes Unglück wurde mit dem Herzen geschaffen. Schöpfungen, die von Herzen kommen, wachsen am besten mit Unterstützung. Ich möchte vor allem David Bodman für seine Integrität, seine Einsichten und seinen herzlichen Humor während der vielen Jahre unserer Freundschaft danken und natürlich Sydney Banks für sein tiefes Verständnis, seine Weisheit und seinen Mut, sein Wissen zu teilen.

Ich möchte auch meiner Frau Nancy für ihre Geduld während dieser Reise danken. *Perfektes Unglück: Wie ich Hoffnung und Heilung in den Lehren von Sydney Banks und den Drei Prinzipien fand* hätte ohne ihre Authentizität und Integrität niemals das Licht der Welt erblickt.

Vorwort
von Jack Pransky, Ph.D.

Perfektes Unglück gehörte zu der ersten Handvoll Bücher, die ich über das las, was später als „Die drei Prinzipien" bekannt wurde. Damals gab es, so erstaunlich es heute scheint, nicht viel mehr als eine Handvoll. Ich habe immer noch mein signiertes Originalexemplar, das ich sehr schätze.

Ich erinnere mich, dass mich dieses Buch sehr berührt hat. Ich dachte: „Wow, wie ist es möglich, dass jemand - vor allem jemand, der es liebte, aktiv und regelmäßig in der Natur zu sein - nicht durch ein körperliches Problem wie Multiple Sklerose (MS) zu Fall gebracht wurde? Obwohl sich das, was er tun konnte, dramatisch verändern musste?" Ich dachte: „Könnte ich auch so sein? Könnte ich das tun?" Ich war mir da nicht so sicher. Ich bezweifelte es sogar. *Perfektes Unglück* wurde so zu einer Inspiration für mich. Etwas, das ich erstrebenswert fand.

Als ich Allan ein wenig kennenlernte, verstand ich. Allan Flood ist eine ganz besondere Seele. Aber ich meine nicht, dass er in der Lage war, sich über solche äußeren Umstände zu erheben, weil er etwas Besonderes ist; dass er sich in irgendeiner Weise vom Rest von uns unterscheidet. Nein, der Grund, warum Allan in der Lage war und ist, sich zu erheben, liegt in der Art und Weise, wie er das Leben sieht und versteht. Das ist nicht so besonders; wir alle sind in der Lage, das Leben auf diese Weise zu sehen und zu verstehen. Und genau darum geht es in diesem Buch. Allan hat etwas gefunden, auf das er uns hinweist, weil es ihm geholfen hat. Und es kann auch uns anderen helfen.

Hier gibt es keine „Anleitungen." Das mag für manche beunruhigend oder enttäuschend sein. Aber es geht tiefer und ist daher dauerhafter und nachhaltiger. Anleitungen sind mühsam, und deshalb verlieren die meisten Menschen recht schnell ihre Begeisterung und ihr Interesse. Dieser Weg erfordert keine Anstrengung, denn es geht um Sehen und Verstehen. Neues Sehen. In diesem schönen und einfachen kleinen Buch weist uns Allan sanft in eine Richtung, in der es uns möglich ist, unsere eigenen Einsichten über die Richtung zu haben, die er sieht und versteht, sodass sie unsere eigene wird.

Als Allan mich bat, dieses Vorwort zu schreiben, fühlte ich mich nicht nur dankbar und geehrt, sondern stellte ihm im Gegenzug auch einige Fragen. Ich dachte, ich würde seine Antworten in das einfließen lassen, was ich schreiben würde. Ich fand seine Antworten jedoch so aufschlussreich, dass ich mich entschloss, sie hier wortwörtlich wiederzugeben:

Ich fragte: „Wie würdest du deine Botschaft zusammenfassen, wie du die verheerenden Folgen von MS überwunden hast und was dir am meisten geholfen hat, damit zu leben?"

Seine Antwort: „MS ist unberechenbar und 'knabbert' manchmal an meiner körperlichen Gesundheit. Die Arbeit von Syd Banks und die Drei Prinzipien helfen mir, einen zutiefst sicheren, heilenden Ort und Geisteszustand in mir selbst zu finden, sodass ich Weisheit finden kann, wenn 'Allan' ängstlich ist oder regelrecht Angst vor neuen Symptomen oder Veränderungen hat."

Ich fragte: „Wie lässt sich das auf das übertragen, was andere wissen müssen, wenn sie mit einem körperlichen Leiden, einer Behinderung oder einer Herausforderung konfrontiert sind?"

Allan antwortete: „Weisheit ist real und steht jedem jederzeit zur Verfügung, um das persönliche Leid zu lindern, das er durchmacht. Informationen, die aus Weisheit stammen, sind neu und heilsam."

Ich fragte: „Warum ist dies kein How-to-Buch?"

Er antwortete: „Um wacher für die Weisheit zu werden, muss man in der Gegenwart sehen und hören und nicht irgendetwas Bestimmtes tun oder denken (das 'How-to'). Obwohl 'etwas tun' den Geist beruhigen und der Weisheit helfen kann, nach Hause zurückzukehren."

Interessanterweise entfernte sich Allan im Laufe seiner Entwicklung vom Verständnis der Drei Prinzipien und wandte sich anderen spirituellen und psychologischen Ansätzen zu, was sich auch in einer oder zwei früheren Ausgaben dieses Buches widerspiegelte. Aber jetzt ist er zu den Prinzipien zurückgekehrt. Ich habe ihn gefragt, was ihn zurückgebracht hat.

Er sagte: „Die komplizierten psychologischen und spirituellen Praktiken, die von klugen, aufrichtigen Menschen entwickelt wurden, um das Leben zu verstehen, können süchtig machen, sind aber letztlich immer unerfüllend und begrenzend. Die Prinzipien und Syds Arbeit sind unkompliziert, grenzenlos und wahr. Ich kann ein

'Kopfmensch' sein und bin von der Einfachheit abgewichen, um nach äußeren Verkomplizierungen zu suchen. Ich fand sie letztlich irreführend und unerfüllend."

Ja, sehr aufschlussreich! Ich bin dankbar dafür.
Perfektes Unglück wurde das Buch, auf das ich andere verwies, die mit körperlichen Herausforderungen konfrontiert waren. Ich habe auf diesem Weg viele wertschätzende Rückmeldungen erhalten. Dieses Buch hat vielen Menschen geholfen.
Ich hoffe, dass es Ihnen ebenso ergehen wird. Die Chancen dafür stehen gut, wenn Sie bei der Lektüre in der Lage sind, Ihren eigenen Verstand beiseite zu lassen und tief in die Schätze des Buches hineinzuhören.

Jack Pransky
Autor, *Somebody Should Have Told Us!*,
Seduced by Consciousness, und *Hope for All*
Charlottesville, Virginia
März 2020

Einführung

In *Perfektes Unglück* und den vier vorangegangenen Ausgaben ging es um Heilung und um emotionale und körperliche Genesung angesichts von persönlichen Krisen und Verlusten. In jeder dieser Ausgaben ging es um Entdeckungen, um die Wiedererlangung eines Stücks Kindheit und um das Wiederfinden eines Teils von uns selbst, den wir verloren haben, während wir über die Unebenheiten des Lebens holperten.

In *Perfektes Unglück* geht es um unsere spirituelle Natur und die Heilkraft unserer spirituellen Natur. Das Buch ist für jeden gedacht, der mit einer Krankheit oder einem Leiden zu kämpfen hat, sei es körperlich oder geistig.

In diesem Buch geht es um drei Prinzipien - Geist, Denken und Bewusstsein -, die ursprünglich durch eine Einsicht von Sydney Banks entdeckt wurden. Diese drei Prinzipien beschreiben unsere spirituelle Natur auf eine Weise, die heilsam ist.

Perfektes Unglück ist meine fortwährende, sich vertiefende, sich ständig weiterentwickelnde Reise, auf dem Weg, die drei Prinzipien zu verstehen: das Gute, das sich in unseren schlimmsten Unglücken verbirgt, das Lernen, das aus ihnen erwächst, und wie die Weisheit, die wir in Krisen erlangen, uns helfen kann, das Beste in uns selbst und in anderen zu finden.

Diese Ausgabe ist eine „Heimkehr"-Geschichte. Sie enthält neue Einsichten und demütigende Entdeckungen, die ich in den letzten fünf Jahren auf der Suche nach einem immer tieferen Seelenfrieden über das Leben und die Heilung gemacht habe.

Dieses Buch soll denjenigen, die sich in einer lebensverändernden Situation befinden, Trost und Hoffnung geben. Die Reise war gelegentlich erschütternd, da mein Ego über tief verwurzelte Überzeugungen und Reaktionen stolperte, aber sie war immer bereichernd. Der Weg zu Wahrheit und Heilung wird mit der Zeit immer schöner.

Diese fünfte Auflage spiegelt mein Verständnis von Sydney Banks Einsichten und der Kraft der Drei Prinzipien wider und teilt, was ich in den letzten fünf Jahren entdeckt habe, das heilsam ist. Ich bin aufgeregt und erleichtert, die Reise zu vereinfachen, diese Ausgabe zum Leben zu erwecken und sowohl zu Ihrer als auch zu meiner eigenen Heilung beizutragen.

Wie ich schon in früheren Ausgaben von *Perfektes Unglück* gesagt habe, lade ich Sie ein, den Schwanz des Tigers zu packen, während ich mit Ihnen das größte Abenteuer meines Lebens teile, was auch der Beginn des größten Abenteuers Ihres Lebens sein könnte.

Perfektes Unglück

Wie ich Hoffnung und Heilung in den
Lehren von Sydney Banks und
den Drei Prinzipien fand

Kapitel 1

Die Reise beginnt

„Ein guter Schreck ist mehr wert
als ein guter Rat."
*"A good scare is worth more
to a man than good advice."*
Edgar Watson Howe,
Country Town Sayings, 1911

Krise – Der erste schwere Schub der Multiplen Sklerose

Im Sommer 1986 bemerkte ich nach der Rückkehr von einer Mountainbiketour, dass meine Zehen taub waren. Das Gefühl war, als hätte ich Sand in den Schuhen. Es fühlte sich „klumpig" an.

Ich dachte mir nicht viel dabei, aber im Laufe des nächsten Tages ging das Taubheitsgefühl nicht weg und schien sich sogar noch auszubreiten. Ich vereinbarte einen Termin bei einem Urologen, der zu meinem Entsetzen selbst verwirrt war. Er überwies mich an einen Neurologen, und damit begann die Reise.

Etwa eine Woche vor meinem Termin beim Neurologen verschwand das Empfinden zuerst in meinen Füßen und dann in meinen Beinen, und das Taubheitsgefühl schlich sich immer höher in meinen Körper. Bald konnte ich kaum noch gehen.

Unfähig, den Boden unter meinen Füßen zu spüren, stampfte ich die Treppe hinauf, die ich noch vor ein paar

Wochen zwei Stufen auf einmal hochgesprungen war.

Ich besuchte den Neurologen. Er machte einen Termin für eine MRT-Untersuchung, eine damals neue Technologie, mit der Weichteilschäden festgestellt werden konnten. Der MRT (Magnetresonanztomograph) selbst war ein raumfüllendes, langes, weißes Gerät mit einer schmalen Röhre, in die man mich hineinschob, um mein Gehirn und meine Wirbelsäule abzubilden und nach der Ursache für meine sich ausbreitende Taubheit zu suchen.

Der ursprüngliche MRT-Plan sah vor, mein gesamtes zentrales Nervensystem, Gehirn und Wirbelsäule abzubilden, was etwa 45 Minuten dauern sollte. Die Aufnahmen wurden jedoch nach wenigen Minuten abgebrochen, und ich wusste, dass sie etwas sehr Schlimmes gefunden hatten.

Als ich den Raum verließ, ging ich am Überwachungspersonal vorbei und war erstaunt, wie ruhig sie waren und wie sie den Augenkontakt zu vermeiden schienen.

Der Neurologe und ich trafen uns kurz nach dem MRT. Ich werde nie sein Gesicht und seine Worte vergessen, als er ganz sachlich sagte: „Nun, Allan, Sie haben MS." Mein Verstand schaltete ab, und ich erinnere mich nicht an viel von unserem Gespräch danach. Ich fuhr wie betäubt nach Hause, die Tränen liefen mir über das Gesicht. Ich war zutiefst erschüttert und machte mir Sorgen darüber, wie mein Leben in Zukunft aussehen würde.

Im Laufe der nächsten Woche wurde mir eine sehr hoch dosierte adrenokortikale Steroidinfusion verschrieben, die ich im selben Krankenhauszimmer wie die Chemotherapie-Patienten erhielt. Obwohl ich Angst hatte, berührten mich unsere gemeinsamen Geschichten von Angst, Hoffnung,

Ironie und Überleben zutiefst.

Ich hörte auf zu trainieren. Obwohl es wahrscheinlich eine gute Idee war, weniger Sport zu treiben, reagierte ich mit Unsicherheit und schränkte gleich alles ein.

Außerdem schien jeder jemanden mit MS (Multiple Sklerose) zu kennen, der eine schwere Zeit hatte. Bis heute erstaunt es mich, wie viele Menschen davon ausgehen, dass man Horrorgeschichten über seine Krankheit hören möchte. Später wurde mir klar, dass diejenigen, denen es gutgeht, weniger sichtbar sind.

Ich kenne eine Reihe von inspirierenden Geschichten über Menschen mit Multipler Sklerose, darunter der olympische Skifahrer Jimmie Heuga, der der lebende Beweis für die positive Wirkung von Bewegung und Einstellung trotz einer aggressiven Erkrankung war.

An dem Tag, an dem bei mir MS diagnostiziert wurde, brach meine Welt zusammen. Ich hatte meinen Körper immer für selbstverständlich gehalten, und diese Diagnose war niederschmetternd. Ich war so verängstigt. Wandern, Skifahren und andere Aktivitäten im Freien waren schon immer ein wichtiger Teil meines Lebens, und ich war mir sicher, dass MS dem ein Ende setzen würde.

In den ersten paar Wochen nach der Diagnose fühlte ich mich wie 100 Jahre alt. Jeden Morgen wachte ich auf und nach ein paar Sekunden glücklicher Ruhe fiel es mir wieder ein.

Ich habe den Fehler gemacht, in „The Merck Manual of Diagnosis and Therapy" nachzuschauen, um mehr über MS zu erfahren. In diesem Buch der Symptome sind alle möglichen Folgen jeder erdenklichen Krankheit aufgelistet - was jedem passiert ist, der eine solche Krankheit durchgemacht hat. Da MS unvorhersehbar ist, hat sie eine lange, lange Liste von Symptomen.

Im Laufe der nächsten Monate und Jahre verschwanden einige meiner Symptome, andere nicht, und ich bekam ein paar neue. Ich stellte mich darauf ein und passte mich an. Das Leben ging weiter, wenn auch mit mehr Angst vor der Zukunft.

Der zweite Schub

Als ich eines Morgens im Dezember 1991 erwachte, kribbelten meine beiden Füße wie schon 1986 und waren leicht taub, als ob sie schliefen. Ich versuchte, das Gefühl zu ignorieren, und ging nach unten, um eine Tasse englischen Frühstückstee zu trinken.

Doch als der Tee aufgebrüht war, hatte sich das Kribbeln nicht gebessert. Ich seufzte: „Tja, Allan, alter Kumpel, es geht wieder los." Ich wusste, dass dieses Kribbeln eine sich ausbreitende Taubheit und eine ungewisse, unvorhersehbare Zukunft ankündigte.

1991 begann mein zweiter schwerer MS-Schub mitten in einer Ferienzeit, die besonders stressig war. Zum einen machte mir eine sechs Jahre andauernde Beziehung, die sieben Monate zuvor zu Ende gegangen war, immer noch zu schaffen. Zum anderen konnte meine Familie zu Weihnachten nicht zusammenkommen, und meine engen Freunde waren alle nicht in der Stadt. Zum ersten Mal in meinem Leben verbrachte ich Weihnachten allein. Ich war traurig und beunruhigt.

In den Monaten vor dieser neuen Verschlimmerung hatte ich versucht, mir einzureden, dass mein Leben in Ordnung sei. Aber ich konnte die unterschwelligen Ängste nicht abschütteln - Ängste, dass ich einer für beide Seiten nährenden Beziehung nicht würdig sei, dass ich alt werde und dass mir das Geld ausgehen würde, bevor meine Karriere in Gang käme.

Diese nagenden Zweifel führten zu schmerzhaften Gefühlen, und ich bin mir sicher, dass mein Immunsystem als Reaktion meines Körpers auf diese anhaltende Negativität und Angst wieder anfing, mich anzugreifen.

Die gleiche Herausforderung – eine andere Lösung

Das erste Mal, als ich fünf Jahre zuvor einen schweren Schub hatte, war ich am Boden zerstört. Dieses Mal jedoch war ich zu meiner Überraschung ruhig, obwohl die Symptome schlimmer waren.

Die Verschlimmerung überraschte mich nicht sonderlich, angesichts der fehlenden Leichtigkeit (der Autor benutzt im englischen den Begriff 'Dis-Ease') in meinem Leben, aber meine Gelassenheit schon. Ich hatte keine Angst, nicht nur, weil ich schon einmal eine Verschlimmerung erlebt hatte, sondern auch, weil ich tief in mir wusste, dass alles gut werden würde. Ich war in Frieden.

Mein Verständnis für das Leben war seit meinem ersten MS-Schub gewachsen und es war die Quelle dieser Gelassenheit. Diesmal wusste ich, wohin ich mich wenden konnte, um Kraft und Antworten zu bekommen.

Als die MS meinen Körper angriff, erinnerte ich mich an den Frieden, den ich in den späten 1970er-Jahren auf Saltspring Island empfunden hatte, als ich Sydney Banks (siehe unten) zuhörte, der seine Geschichte erzählte. Ich fühlte Sicherheit, ein Gefühl, dass es einen Ort in mir gab, einen kostbaren Geisteszustand, der vor den Verwüstungen durch die MS sicher war. An diesem Ort waren tiefe, reiche Gefühle verfügbar, ganz gleich, was mit meinem Körper geschah oder welche äußeren Umstände ich erlebte.

Wie bei der ersten Episode suchte ich nach einer Quelle der Sicherheit und Hoffnung. Aber dieses Mal erinnerte ich mich, aus welchem Grund auch immer, an eine frühere Zeit in meinem Leben, eine glücklichere, ruhigere Zeit, die einen Weg bot, Frieden und Heilung zu finden.

Eine bessere Zeit

Mitte der 1970er-Jahre arbeitete ich als Seminarleiter für zwischenmenschliche Beziehungen in einem Familienplanungsbüro in Eugene, Oregon. Im Rahmen eines staatlich finanzierten Programms zur Primärprävention lernten ich und andere Referenten, wie man kostengünstige Seminare zu Themen wie Wut, Beziehungen, Scheidung und Ängste konzipiert und durchführt.

Wir wurden mit vielen verschiedenen Behandlungsmethoden vertraut gemacht. Die meisten davon waren konfrontativer Natur und basierten auf der Gestaltpsychologie, die davon ausgeht, dass wir zu 100% für unsere Lebenserfahrungen verantwortlich sind und dass unsere Kommunikation mit anderen umso besser wird, je bewusster wir unsere Entscheidungen treffen und je mehr wir uns unserer selbst bewusst sind.

Glücklicherweise waren die leitenden Ausbilder daran interessiert, neben den Ansätzen, in denen wir ausgebildet wurden, auch andere Therapien zu erlernen. Zwei der leitenden Ausbilder, Dr. George Pransky und Dr. Roger

Mills, begannen, nachdem sie mit den Erkenntnissen des
kanadischen Theosophen Sydney Banks (siehe unten) in
Berührung gekommen waren, zu erkennen, dass es eine
Alternative zu den bestehenden Ansätzen gab.

Pranskys und Mills Leben und ihre Praktiken
veränderten sich mit dem neuen Verständnis, das sie
gewonnen hatten. Ihre Seminare wurden entspannter und
informeller, ein bescheidener Austausch von einfachen
Fakten über das Leben anstelle einer strukturierten Reihe
von Gruppenübungen. Das Training des Selbsterlebens
wurde zu einer sanften Erfahrung. Wer also war Sydney
Banks und warum hatte die Begegnung mit ihm unser Leben
so sehr verändert?

Begegnung mit Sydney Banks

Sydney Banks war Schweißer und lebte auf der Insel
Saltspring in den kanadischen Golfinseln. Mitte der 1970er-
Jahre hatte er ein erleuchtendes, transformierendes Erlebnis,
das sein Leben veränderte und zur Entdeckung dessen
führte, was er die Drei Prinzipien nannte. Diese Prinzipien
erklären die Gesamtheit des menschlichen Verhaltens und
der Gefühle auf ihrer grundlegendsten Ebene.

Dr. Mills lud in den späten 1970er-Jahren sechs
Seminarleiter aus Eugene, Oregon, ein, Sydney Banks
Vortrag zu hören. Ich war einer der sechs und werde dafür
ewig dankbar sein.

Ich habe oft über die Rolle von Timing und
Gelegenheiten im Leben nachgedacht. Manchmal ergibt
sich eine Gelegenheit, aber das Timing ist falsch. Manchmal
ist das Timing richtig, aber die Gelegenheit ist nicht da. Und

manchmal, wenn das Universum sowohl den richtigen Zeitpunkt als auch die richtige Gelegenheit bietet, geschehen wunderbare Dinge. Da kommen mir die Worte Schicksal und Bestimmung in den Sinn. Meine Erfahrung, Sydney Banks zuzuhören, ist eine wunderbare Verbindung von Timing und Gelegenheit. Ich bin dankbar dafür, zur richtigen Zeit am richtigen Ort gewesen zu sein.

Es war ein warmer Sommervormittag in den späten 1970er Jahren im Cedar Beach Resort am Rande des St. Mary's Lake, einem kleinen Süßwassersee auf Saltspring Island, einer der kanadischen Golfinseln in British Columbia.

Ich und etwa zwanzig andere saßen still in dem reich mit dunklem Holz getäfelten Strandhaus und warteten geduldig darauf, zu hören, was Syd Banks zu sagen hatte. Einige von uns waren zynisch, andere waren neugierig. Syd saß friedlich im vorderen Teil des Raumes.

Nach ein paar Minuten wurde es still im Raum, und Syd begann, in sanfter, bescheidener Weise zu erzählen, was er seit seiner transformierenden Erfahrung vor ein paar Jahren über das Leben sah. Zuerst war ich nur neugierig, aber schon bald war ich tief berührt von Syds Demut und seiner absoluten Gewissheit über unsere wahre spirituelle Natur und die Wahrheit der menschlichen Erfahrung.

Syd sprach nur etwa eine halbe Stunde, aber ich war emotional „voll" und zutiefst beeindruckt. Wie bei den meisten von Syds Vorträgen erinnere ich mich nur an wenig von dem, was er sagte, aber ich war tief bewegt und war mir sicher, dass er etwas Wahres über das Leben entdeckt hatte, das ich auch entdecken wollte. Es war für mich und andere im Raum offensichtlich, dass seine Erfahrungen real waren.

Wenn ich mir Syds Tonbänder und andere Werke

(Bücher, Videos) anhöre, vor allem seine frühen Tonbänder, finde ich in mir einen tiefen Frieden und eine Hoffnung, die mir großen Trost und Ruhe geben, wenn das Leben beängstigend ist.

Syds Einsichten und die Drei Prinzipien waren ein Paradigmenwechsel für diejenigen von uns, die in der Bewegung für das menschliche Potenzial tätig sind. Dr. Pransky und Dr. Mills erkannten, dass es möglich ist, geistige Gesundheit und Seelenfrieden direkt zu erreichen, ohne komplizierte Techniken oder intensive, konfrontierende Übungen.

Diese Jahre in den 1970er- und frühen 1980er-Jahren waren für mich eine glückliche Zeit, aber ich verstand nicht so wie heute, warum das so war. Bis heute bin ich dankbar dafür, dass ich zur richtigen Zeit am richtigen Ort war.

Verlorenes Paradies

Kurz nach meiner Zeit als Seminarleiter Mitte der 1980er-Jahre verließ ich den Nordwesten, um im Familienunternehmen in Südkalifornien zu arbeiten. Im Laufe des nächsten Jahrzehnts verblassten die friedlichen Gefühle, die auf Saltspring Island entstanden waren, in der Hektik von Los Angeles.

Obwohl ich diese reichen Gefühle vermisste, hielt ich nie lange genug inne, um mich oder andere zu fragen, wo sie geblieben waren. Meine vage Unzufriedenheit war nicht stark genug, um das zu überwinden, was man die „Dynamik" des Lebens in Südkalifornien nennen könnte. Ich flog durch das ganze Land, koordinierte eine nationale Marketingkooperative und gab an den Wochenenden Ski-

Unterricht.

Mein Leben schien, wenn schon nicht perfekt, so doch zumindest ausgefüllt. Ich ignorierte beunruhigende Erlebnisse wie Reisen im Flugzeug, bei denen ich aufstand, mich umdrehte und in ein Meer von gelangweilten, unglücklichen Geschäftsleuten in blauen Sakkos blickte – genau wie ich.

Ich war zu der Überzeugung gelangt, dass das Beste, worauf wir hoffen konnten, ein relativ stressfreies Leben mit periodischen Höhepunkten war - das TGIF-Syndrom (Thank-God-It's-Friday/Gott sei Dank, es ist Freitag).

Denken wir nicht oft so? Wir gehen davon aus, dass unsere Lebenserfahrung gut genug ist, solange sie nicht zu schmerzhaft ist und ein paar Höhepunkte hat. Es ist, als ob wir glaubten, das Leben sei im schlimmsten Fall eine Frage des Überlebens und im besten Fall eine Frage der akzeptablen Kontrolle über die Umstände. Wir geben uns mit so wenig zufrieden, obwohl wir so viel haben könnten.

Bis zu meiner MS-Diagnose hat dieser TGIF-Ansatz für mich die meiste Zeit über funktioniert. Als ich jedoch mit einer körperlichen und emotionalen Krise konfrontiert wurde, brach meine gewohnte Art, mit dem Leben umzugehen, zusammen. Ich konnte mich nicht durchsetzen oder ignorieren, was mit mir geschah. Meine Lebensumstände schienen außer Kontrolle zu geraten.

Meine begrenzte Perspektive und mein begrenztes Verständnis konnten mir nicht helfen, das zu finden, was ich wirklich wollte: das tiefere Verständnis, das ich durch das Hören von Syd auf Saltspring Island erlebt hatte, und die unglaublichen Gefühle, die damit einhergegangen waren.

Ich brauchte diese Weisheit und spürte, dass sie die Tür zu reicheren Gefühlen wieder öffnen und eine Alternative zu meinem Kampf und meiner Angst bieten würde. Ich hoffte auch, dass diese Weisheit dazu beitragen würde, die Selbstheilungskräfte meines Körpers zu aktivieren.

Das wiedergewonnene Paradies

> „Nur wenn wir verwundet
> sind stehen wir still und hören zu."
> *"Only when wounded do we stand still and listen."*
> Kristin Zambucka, Autor von *Ano'Ano: The Seed*

Dieser Satz fasst meine Erfahrungen mit MS zusammen. Während der zweiten Verschlimmerung suchte ich Antworten an einem Ort, der von den Umständen unberührt und unantastbar ist. Wenn ich stillhielt und zuhörte, fand ich einen Ozean der Inspiration und Kraft.

Manche Menschen nennen diesen Teil von sich selbst ihre innere Stimme. Andere nennen ihn Intuition, Weisheit oder gesunden Menschenverstand. Sie existiert vor der Persönlichkeit, sie entsteht aus dem, was wir als menschliche Wesen sind, und nicht aus dem, was wir als Individuen sind. Sie ist unser Geburtsrecht.

Ganz gleich, wie lange man den Kontakt zu dieser inneren Weisheit verloren hat, das Gefühl ist wunderbar vertraut - wie die Heimkehr nach einer langen Reise oder die Wiederentdeckung der Liebe in einer leeren Beziehung. Es ist ein Geisteszustand und eine Denkweise, in der man sanft mit sich selbst und in Frieden ist.

Im Grunde unseres Herzens wollen Sie und ich die gleichen Dinge im Leben. Wir streben nach Glück und Gesundheit, und wir suchen nach diesen Zuständen trotz

Verhaltensweisen und Einstellungen, die oft im Widerspruch zu diesen Zielen zu stehen scheinen. Wir streben nach Lebensfreude, auch wenn das Beste, das wir erreichen, ist, dass wir uns nur ein wenig besser, kontrollierter oder überlegener fühlen.

Wir streben nach Kongruenz zwischen unserem inneren und äußeren Leben, auch wenn wir uns bestenfalls nur an einen Lebensstil klammern, der zu hektisch und stressig ist. Und wir streben nach Gesundheit, auch wenn wir häufig Emotionen wie Angst, Depression und Wut nähren, Emotionen, die in engem Zusammenhang mit Krankheiten stehen.

Aber wenn es unser Grundinstinkt ist, nach Wohlbefinden zu streben, warum entfernen wir uns dann so weit von einem Leben, das heilend ist? Warum sehnen wir uns ständig nach Lebensstilen und Beziehungen, die uns kein Glück und keine Erfüllung bringen, nur um sie später wieder zu verwerfen? Warum widmen wir uns zwanghaft Lebensmustern, die Unzufriedenheit, Leid und Krankheit erzeugen?

Die Antwort liegt in einem einfachen und weit verbreiteten Missverständnis. Wir sind unbeabsichtigt zu der Überzeugung gelangt, dass die Qualität unseres täglichen Lebens, unser Lebensgenuss und unsere Zufriedenheit von dem abhängen, was wir tun, und von den Umständen unseres Lebens, und nicht von dem einfachen Reichtum des im Augenblick gelebten Lebens.

Dieses Missverständnis führt uns weg von einem Leben, das gesund und heilend ist. Es führt uns dazu, uns nach einem nicht erfüllenden Lebensstil zu sehnen und danach zu greifen. Es führt uns zu einem zwanghaften, von Streit und Krankheit geprägten Leben.

Der Weg zu einem befriedigenden, heilenden Leben voller Freiheit und Liebe führt über die Wiederentdeckung des Reichtums des Lebens, das im Augenblick erfahren wird. Das ist es, was ich wiederentdeckt habe und worum es bei den Drei Prinzipien und der Arbeit von Sydney Banks geht.

Syd entdeckte Prinzipien, die nicht erklären, wer wir als individuelle Persönlichkeiten sind, sondern was wir als menschliche Wesen sind und wie wir unser Geburtsrecht auf ein reiches, befriedigendes Leben zurückfordern können.

Ein Update zur Gesundheit

Im Jahr 2015 geht meine körperliche Heilung mit gelegentlichen beunruhigenden Symptomen weiter. Ich habe etwa 95% meiner Empfindungen wiedererlangt und bin zu den meisten meiner früheren Aktivitäten zurückgekehrt, wenn auch weniger zwanghaft (es sind meine Knie und Schultern, nicht die MS, die mich bremsen).

Mein Glaube an die heilende Kraft von Gefühlen wie Sicherheit, Dankbarkeit und Zufriedenheit ist stark. Auch wenn die MS wieder aufflackert, vertiefen sich meine Wertschätzung und mein Verständnis für meine eigenen Heilungsressourcen.

Jeder, bei dem eine schwere Krankheit diagnostiziert wurde oder der einen schweren Verlust erlitten hat, weiß, dass dies einen auf die eine oder andere Weise verändert. Ich habe etwas gefunden, das mich für immer zum Positiven verändert hat.

Auch wenn ich nie für die Krankheit selbst dankbar sein werde, so werde ich doch immer dankbar dafür sein, dass ich eine Verbindung zum Leben und eine Denkweise wiederentdeckt habe, die wirklich transformierend und heilend sein kann: eine Denkweise, einen Geisteszustand, in dem es Hoffnung, Heilung und Glück gibt, selbst wenn die Welt um mich herum und mein Körper wackeln.

Angesichts einer Krise folgte ich den Spuren anderer, die einen ähnlichen Weg der Transformation beschritten haben, und entdeckte ein Geheimnis des Lebens - die wahren Antworten liegen im Inneren, nicht in der Welt. Die Gefühle, die wir uns wirklich wünschen, wie Freude, Dankbarkeit, Zufriedenheit und Gelassenheit, stehen (und standen uns schon immer) zur Verfügung.

Ich glaube, dass ich, wenn ich Zufriedenheit, Dankbarkeit und Mitgefühl finde, die sich in den Biochemikalien, die diese Gefühle ausmachen, ausdrücken, ein richtungsweisendes „Know-how" in meinen eigenen Zellen freisetze, das ihnen hilft, so gut wie möglich zu funktionieren. In diesen Tagen gebe ich meinem Körper all die Liebe und den Frieden, die ich mich zu fühlen traue.

Der Seelenfrieden und die Liebe, die wir entdecken, sind das beste Werkzeug, um uns selbst zu helfen, wenn die Dinge schlecht laufen. Ich habe eine Realität entdeckt, die von Wahrheit, Hoffnung, Glauben und Dankbarkeit bestimmt wird. Meine Welt ist manchmal kleiner als früher, aber sehr reichhaltig.

Ich erinnere mich an meinen ersten Spaziergang nach der zweiten Verschlimmerung. Als ich die Straße hinunterging, die Kiefern roch, die helle Sonne und die kühle Brise auf meinem Gesicht spürte und beobachtete, wie die Wolken über die schneebedeckten Berge zogen, war ich dankbar und beschwingt, befreit von den Umständen meines Lebens.

Wenn ich an diesem windstillen Nachmittag mit Nancy

und unseren beiden kleinen Hunden am Strand von Oregon in der späten Nachmittagssonne stehe, weiß ich, dass es mir gutgehen wird, egal was passiert.

Perfektes Unglück

Kapitel 2

Nach Hause kommen

„Das Leben ist eine Reise, die in die Heimat führt."
"Life's a voyage that's homeward bound."
Herman Melville,
U.S. novelist & sailor (1819-1891)

Im Laufe der Jahre habe ich neben dem Lehren, Schreiben und Sprechen über die Drei Prinzipien auch andere Wege zu Selbsterkenntnis und Sicherheit beschritten (z. B. das Enneagramm und die Gewaltfreie Kommunikation). Und ich blieb unerfüllt, als ich feststellen musste (manchmal nach jahrelangem Studium), dass andere Wege letztlich vorübergehend, unnötig kompliziert und einschränkend waren und mich von dem ablenkten, wonach ich im Grunde meines Herzens suchte – den kraftvoll heilenden Einsichten, die Sydney Banks durch die einfache Wahrheit vermittelt.

Vor einigen Jahren verspürte ich eine starke Sehnsucht, mich wieder tief mit der Freiheit, dem Seelenfrieden und dem tiefen Glück zu verbinden, die ich fand, als ich Syd Banks in den späten 1970er-Jahren traf und ihm zuhörte.

Ich durchsuchte meine Garage und fand eine alte Kassette, die Syd 1975 in Victoria, British Columbia, aufgenommen hatte. Ich spielte die Kassette in einem Low-Tech-Kassettenspieler ab, den ich jahrelang aufbewahrt hatte, um alte Kassetten abzuspielen (ich kann sehen, wie einige von Ihnen zusammenzucken).

Das Anhören dieser Kassette war zutiefst transformierend, eine nostalgische, erhebende Erfahrung, die meine Leidenschaft für die heilende Kraft der Arbeit von Sydney Banks, seine Einsichten und die Drei Prinzipien erneut bestätigte und neu entfachte.

Diejenigen, die Syd in den letzten 40 Jahren berührt hat, haben begonnen, durch seine Schriften, CDs und Videos die unfassbare und zugleich einfache Wahrheit, die er sprach, zu sehen und zu erfahren.

Syds Wirkung beruht nicht darauf, dass er „die" Wahrheit sprach oder schrieb, sondern vielmehr darauf, dass er aus der Wahrheit sprach. Er sprach die Wahrheit aus einem Verständnis heraus, das vor seinen eigenen Worten lag, mit Gewissheit und Demut. Als ich mir Syds altes Tonband anhörte, fühlte ich mich in die frühen Jahre zurückversetzt, in denen ich ihm begegnete.

Syd sprach Wahrheit, und wir hören Wahrheit auf einer Ebene, die für unseren Verstand vielleicht keinen Sinn ergibt, in der Art, wie Konzepte, Ideen und Gedanken normalerweise einen Sinn ergeben. Wenn wir eine Erkenntnis haben, hat sich die Wahrheit durch uns ausgedrückt. Wenn wir die Menschen in unserem Leben mit liebevollem Bewusstsein sehen, erleben wir, wie die Wahrheit zu unseren Seelen spricht.

Einer der Wege, wie wir die Wahrheit verstehen können und wie sie sich in unserem Leben ausdrückt, besteht darin, dass wir die spirituellen Fakten, die wir erkannt haben, anerkennen. Jeder hat die Erfahrung gemacht, dass sich die Wahrheit durch ihn ausdrückt.

Zum Beispiel haben wir vielleicht erkannt:

- Wir sind mehr als unsere Persönlichkeit, und ungeachtet des emotionalen Schmerzes, den wir empfinden, gibt es eine tiefe Wahrheit vor diesem persönlichen Schmerz, die uns leitet und schützt, wenn wir es zulassen - wir sind in Ordnung, egal was passiert.
- Unsere Ängste sind nicht unser ganzes Leben, Unsicherheit ist meist optional.
- Mit uns ist alles in Ordnung und alles ist so, wie es sein sollte - sogar perfekt, wenn man bedenkt, wer wir sind und wie wir unser Denken einsetzen.
- Der emotionale Schmerz, den wir empfinden, kommt von unserem Denken und unserer Bewusstseinsebene, der inneren Natur der Erfahrung, nicht von der Außenwelt.
- Wir sind berechtigt (frei), alles zu fühlen, was wir fühlen, und aufgrund dieser spirituellen Tatsache sind wir ermächtigt, wir selbst zu sein.
- Worte sind mächtig, aber die mächtigsten Worte sind die, die aus der Wahrheit gesprochen werden, die wir selbst kennen.
- Das Leben ist ein Kontaktsport und wir werden viele Weckrufe erhalten, die alle eine Gelegenheit sind, uns selbst zu begegnen.
- Unser Leiden birgt die Saat für ein tieferes Verständnis.
- Jeder hat „Trips" und wir ALLE spielen das gleiche grundlegende Spiel, indem wir unsere Gedanken mit Bewusstsein zum Leben erwecken.

Es bedurfte erst der lähmenden Auswirkungen von Multipler Sklerose, um mich auf den Boden der Tatsachen zu holen und mir zu zeigen, dass meine Lebensweise aus der Bahn geraten war. Was ich aus dieser Erschütterung gelernt habe, hat sich auf jeden Aspekt meines persönlichen Lebens, meiner Beziehungen und meiner Arbeit ausgewirkt.

Ich gehe davon aus, dass Sie sich selbst und Menschen, die Sie kennen, auf diesen Seiten wiedererkennen werden. Ich hoffe, dass diese Reise in Ihnen eine Ahnung von Wahrheit weckt und Ihnen hilft, jede Krise, die Ihnen begegnet, mit Anmut, Vertrauen und Seelenfrieden zu bewältigen.

Kapitel 3

Die Drei Prinzipien

„Das Leben ist, was du denkst, dass es ist."
"Life is what you think it is."
Sydney Banks

Die Tatsachen des Lebens wiederentdecken

Im Laufe der Jahre habe ich festgestellt, dass die meisten Dinge auf einem einfachen Kern der Wahrheit beruhen. Die Essenz des Skifahrens hat zum Beispiel damit zu tun, dass man seine Skier in ausgewogener Weise kippen und unter Druck setzen muss. Über diesem Kern liegen Schichten und Schichten von Techniken sowie Variablen wie Schneebedingungen, körperliche Verfassung, Kleidung und Ausrüstung.

In einem anderen Bereich ist der Kern einer erfolgreichen Ehe die Liebe. Liebe bringt die Ehe wieder ins Lot. Finden Sie die Liebe, und die Details des Zusammenlebens mit Ihrem Ehepartner werden sich von selbst regeln. Wenn Sie Ihren Partner mit liebevollem Bewusstsein sehen, wird Ihr gesunder Menschenverstand Sie leiten.

In der Geschäftswelt sind zwei Weisheiten –„Verdiene mehr, als du ausgibst" und „Kümmere dich um deine Leute, und sie kümmern sich um dich" – wichtig für den Erfolg eines jeden Unternehmens, obwohl diese Kernwahrheiten in einer Vielzahl von Managementtheorien ausgearbeitet werden. Praktisch alles lässt sich auf ein paar spirituelle Fakten herunterbrechen, auch das Leben selbst.

Die erste spirituelle Tatsache ist, dass es eine Energie gibt, die dem Leben zugrunde liegt, eine Quelle des Lebens, ein Bewusstsein, das wir als schöpferisches Potenzial, transzendente Intelligenz, Weisheit oder Glückseligkeit erfahren.

Unser Bewusstsein, unser persönliches Bewusstsein, das sich durch unseren Körper manifestiert, ist ein Ausdruck dieses unpersönlichen Bewusstseins. Ich glaube, wir kehren nach Hause zurück (ziehen uns zurück) in dieses größere Gewahrsein, wenn unsere Körper schließlich ausgedient haben.

Die zweite spirituelle Tatsache ist, dass wir alle die menschliche Fähigkeit haben, diese Energie durch eine Gabe namens Denken zu nutzen. Das Denken ermöglicht es uns, diese zugrunde liegende Energie durch unsere Gedanken in Bildern, Worten und Gefühlen zu organisieren. Das Denken ist das Rohmaterial unserer Lebenserfahrung von Augenblick zu Augenblick und verbindet uns durch unsere Gedanken mit der Quelle der tieferen Weisheit.

Die dritte spirituelle Tatsache ist, dass wir alle die Fähigkeit haben, unser Denken durch das, was man Bewusstsein oder Gewahrsein nennen könnte, lebendig zu machen. Das Bewusstsein erhellt das Denken wie die Glühbirne eines Diaprojektors einen Film erhellt und ihn in Erfahrung verwandelt. Das Bewusstsein lässt unser Denken „real" erscheinen.

Diese drei spirituellen Fakten (und menschlichen Fähigkeiten) bieten eine Struktur für das Verständnis all dessen, was Sie und ich erleben. Als ich die Rolle, die diese Fakten bei der Gestaltung meines Lebens spielen, zu schätzen lernte, fand ich die Gefühle, die ich wollte. Ich gehe davon aus, dass dieser Prozess auch für Sie in ähnlicher Weise funktionieren wird.

Die Drei Prinzipien

Sydney Banks entdeckte, dass die Gesamtheit der menschlichen Erfahrung durch drei Grundprinzipien erklärt werden kann - Geist, Denken und Bewusstsein. Diese drei Prinzipien sind Kernwahrheiten über das Menschsein und deuten wie ein Wegweiser auf das angeborene Wohlbefinden und das kreative Potenzial in uns allen hin. Das Verständnis, das diesen Prinzipien zugrunde liegt, ist heilend.

Diese Prinzipien erklären in einfachen, praktischen Worten, was wir über uns selbst wissen müssen, um angesichts der sich ständig verändernden Umstände Gesundheit und Wohlbefinden zu fördern.

Die drei Prinzipien leiten uns zu Geisteshaltungen und Gefühlen, die Stress reduzieren und unsere natürlichen Heilungsfähigkeiten fördern. Sie führen uns zu einer Perspektive und einem Verständnis unserer momentanen Lebenserfahrung, die uns von unsicherem, negativem Denken und den physiologischen Nebenprodukten dieser Negativität befreit. Wenn wir unser Leben im Sinne dieser Prinzipien sehen, wird das Leben leichter, befriedigender und gesünder.

Ich glaube, dass unser Geist und unser Körper durch Gefühle miteinander verbunden sind. Je ruhiger unser Geist ist, desto positiver sind unsere Gefühle und desto besser kommt unser Körper mit einem viralen oder bakteriellen

Angriff zurecht.

Die Geist-Körper-Forschung zeigt, dass unser Körper sein Bestes tut, um sich zu erholen und gesund zu bleiben, wenn wir zufrieden, glücklich und entspannt sind. Wenn unsere Gefühle positiv sind, tut unser Immunsystem sein Bestes, um uns zu heilen. Wenn unser Geist hingegen beunruhigt ist, hat es unser Körper schwerer, Krankheiten zu bekämpfen. Wenn wir verärgert sind, leidet unser Immunsystem – unser Körper kommt mit den Beulen und blauen Flecken des Lebens nicht so gut zurecht.

Die einfache Tatsache, dass positive Gefühle die Heilung fördern, scheint von Natur aus offensichtlich zu sein. Unser Körper ist in der Regel gesünder, wenn unser Gemüt glücklicher ist.

Weniger offensichtlich ist jedoch, wie man angesichts der Herausforderungen des Lebens, der täglichen Frustrationen, Enttäuschungen und des Stresses dauerhaft positive Gefühle und Wohlbefinden findet.

Tapetenwechsel, Arbeitsplatzwechsel, Diäten, Trainingsprogramme, neues Spielzeug, andere Beziehungen, Drogen, Gewichtsabnahme, Gewichtszunahme, bessere Noten, andere Sportarten, neue Autos, höhere Einkommen und größere Häuser bringen Erleichterung, aber nur für kurze Zeit.

Die Drei Prinzipien erklären die psychologische Funktionsweise des Menschen auf eine Art und Weise, die uns hilft, beständige, dauerhafte und tiefere positive Gefühle zu erzeugen und, wie ich glaube, eine bessere körperliche Gesundheit.

Seit meiner MS-Diagnose 1986 geht es mir gut, und ich verdanke meine Gesundheit und mein Wohlbefinden dem Verständnis dieser drei Prinzipien. Dieses Verständnis hat den Stress in meinem Leben reduziert und mir eine Art und Weise gezeigt, zu leben und meinen Geist zu nutzen, die heilsam ist. Ich möchte diese drei Prinzipien und die Auswirkungen, die sie auf mein Leben und das Leben vieler anderer hatten, mit Ihnen teilen.

Wie ich bereits erwähnt habe, wurden die drei Prinzipien ursprünglich durch eine Einsicht von Syd Banks entdeckt, ein Sich-Öffnen zum Wissen. Die schlechte Nachricht ist, dass man sich nicht einfach noch mehr anstrengen oder konzentrieren kann, um den Wert der drei Prinzipien zu erkennen oder sie herauszufinden. Die gute Nachricht ist, wenn Sie Ihren Verstand zur Ruhe bringen, sich für Einsichten öffnen und mit Ihrem Herzen zuhören, werden Sie die Wahrheit dieser Prinzipien erkennen, denn sie beschreiben Ihre Essenz, die Wahrheit über Sie, etwas, das Sie schon immer über sich selbst und das Leben wussten.

Die Drei Prinzipien beschreiben spirituelle Tatsachen, die wir seit dem Tag unserer Geburt kennen. Spirituelle Heilung bedeutet, wieder nach Hause zu kommen. Die Drei Prinzipien sind Wegweiser auf diesem Weg.

Dieses Buch ist voller Hoffnung und mit Wissen gefüllt, das wir brauchen, um ein Leben zu führen, das heilsam ist. Ich lade Sie also ein, sich zurückzulehnen, tief durchzuatmen, sich zu entspannen und nicht nur mit dem Verstand, sondern auch mit dem Herzen zu lesen.

Geist - Das erste Prinzip

Das erste Prinzip ist das Prinzip des Geistes. Dieses Prinzip besagt, dass hinter allem, was formlos oder in Form ist, eine universelle Energie steht.

Der Geist ist die Lebenskraft, die unseren Verstand und unsere Zellen antreibt. Der Geist wird auch Gott oder Universeller Geist genannt. Nur sehr wenige Menschen haben den Geist direkt erfahren, doch wir alle sind dem Geist näher als allem anderen.

Die meisten von uns spüren den Geist intuitiv, sie spüren, dass er wahr ist. Wir sehen überall um uns herum Beweise für etwas, das über uns selbst hinausgeht, eine Intelligenz, die auf allen Ebenen des Lebens wirkt, von der Natur im Außen bis zu uns selbst im Inneren.

Der Geist (oder das Gewahrsein oder Gott) manifestiert sich als Erfahrung, so wie sich Elektrizität als Toast (verbrannt oder perfekt) manifestiert. Es ist möglich, unseren Geist und Körper auf eine Weise zu benutzen, die den Toast nicht verbrennt, die es unserem Denken (und unseren Erfahrungen) erlaubt, auf natürliche Weise zu fließen, ungehindert durch das Minenfeld unserer Ängste und Erinnerungen. Wenn wir unseren Verstand auf diese Weise nutzen, kann sich der Geist als Gesundheit und Wohlbefinden manifestieren, während sich unsere Herzen öffnen und unsere Seelen gestärkt werden.

Als bei mir MS diagnostiziert wurde, verbrachte ich Stunden damit, durch die Gegend zu fahren und mich zu fragen: „Warum ich?" Ich verbrachte auch Stunden mit der Suche nach einem Wundermittel. Beides half nicht, sondern zeigte mir nur, dass ich in meiner eigenen begrenzten, erlernten Lebenserfahrung nicht finden konnte, wonach ich wirklich suchte.

Jetzt, wenn mich die Angst am Hals packt, beruhigt mich eine innere Stimme, eine innere Führung, die tiefer als meine Ängste ist, wie eine sanfte Hand auf meiner Schulter. Ich verlasse mich auf dieses kraftvolle Flüstern, das mich daran erinnert, mein negatives Denken fallen zu lassen und mein Herz mit dem Wissen zu öffnen, dass ich zum nächsten Schritt im Leben geführt werde.

Es mag wie ein Akt des Glaubens erscheinen, sich bei der Bewältigung von Problemen des wirklichen Lebens auf eine andere Art der Nutzung unseres Verstandes als die eines Informationsverarbeiters zu verlassen. Doch die Tatsache, dass die meisten von uns sich etwas hingeben, das tiefer liegt als unsere alten persönlichen Denkweisen, wenn wir von etwas überwältigt werden, das wir nicht kontrollieren können, und dass die Antworten immer präsent sind, macht es eine Überlegung wert.

Wenn wir uns hingeben, loslassen, zugeben, dass wir nicht alle Antworten haben, übernimmt etwas anderes die Führung, etwas Vertrautes, eine tiefere Intelligenz, ein höheres Bewusstsein und eine Denkweise, die wir alle teilen.

Der Geist erschafft durch das Denken und das Bewusstsein (das zweite und dritte Prinzip) ständig die Erscheinung der Realität. Der Geist ist die formlose Energie, die dem Leben zugrunde liegt.

Der Geist manifestiert aus uns heraus nicht nur in Form von gespeicherten Gedanken, Erinnerungen, konditioniertem Lernen, Überzeugungen und Egos, sondern auch als frisches, originelles Denken, das wir als Einsicht, Weisheit und gesunden Menschenverstand erfahren. Dieses Denken geht über das Gedächtnis und das konditionierte Lernen hinaus. Wir alle haben die angeborene Fähigkeit, den Geist auf eine Weise zu manifestieren, die positive Gefühle und Wohlbefinden statt Unsicherheit und Angst erzeugt.

Ich glaube, dass diese Intelligenz unseren Körper von der molekularen Ebene bis zu den Geweben, Organen, Systemen und dem Körper als Ganzes durchdringt. Es scheint, dass unter der Realität, die wir berühren, fühlen, hören und riechen, eine grundlegende Energie liegt, die sich unaufhaltsam als zelluläres Know-how, als Leben und Natur, nach außen projiziert. Es ist eine Kraft, die sich unbeeinflusst von unseren Ängsten, einschränkenden Glaubenssätzen, Meinungen, Urteilen, Werten, Erinnerungen usw. in immer tieferen Ebenen von Frieden und Gesundheit ausdrückt.

Wenn ich mich verbunden und vollständig fühle, wenn mein persönlicher Verstand ruhig ist, dann scheint mir klar zu sein, dass etwas Tieferes als meine Wahrnehmungen, Überzeugungen und Ideen am Werk ist. Wenn ich verbunden und heil bin und den Geist auf eine Weise ausdrücke, die weniger persönlich und weniger mit dem Ego verhaftet ist, finde ich in meinem Herzen, was ich wirklich brauche. Wenn ich mich verbunden und vollständig fühle, sehe ich auf einer tiefen Ebene sogar den Sinn der MS in meinem Leben. Ich sehe, dass ich die Multiple Sklerose brauchte, um aufzuwachen und spirituell zu heilen. Ich will die Krankheit nicht. Ich genieße sie nicht, aber auf einer tiefen spirituellen Ebene brauchte ich sie, um zu heilen. MS war ein spiritueller Weckruf.

Der Geist hält die Antworten auf unsere Probleme bereit, denn der Geist ist ein unendliches kreatives Potenzial. Wir alle kennen die Geschichten von Menschen, die emotional am Tiefpunkt angelangt sind und aufgegeben haben, die

Welt auf die alte Weise zu sehen. Ihre Seelen wachen auf und sie finden, wonach sie gesucht haben – gesunden Menschenverstand, Perspektive, Liebe und Klarheit, die in ihrem Leben fehlten.

Es ist die transzendente Intelligenz des Formlosen, die das Wissen mit sich bringt, das wir brauchen, um geistig zu heilen. Wenn wir mit positiver Energie aus dem Geist erfüllt sind, werden unsere Seelen und Körper gestärkt.

Wir können ein Leben führen, das von der Liebe des Geistes erfüllt ist, oder wir können ein Leben führen, das von unseren Egos und unserem persönlichen Denken bestimmt wird. Das ist die grundlegende Entscheidung, die wir als menschliche Wesen treffen. Das ist unser freier Wille, der sich auf seiner tiefsten Ebene ausdrückt.

Wir manifestieren den Geist auf eine spirituell heilsame Weise oder nicht. Die Wahl liegt bei uns. Wenn wir uns entscheiden, ein Leben mit Liebe und positiver Energie zu erschaffen, tut unser Körper sein Bestes, um zu heilen.

Wenn mein persönlicher Verstand ruhig ist, manifestiert sich der Geist auf eine heilende Weise, zu meinen Gunsten. Der Satz „*Sei still und wisse, dass ich Gott bin*" ist Ursache und Wirkung. Wenn wir still sind, finden wir die Verbundenheit, die Ganzheit und die geistige Heilung, nach der wir suchen.

Zu verstehen, wie ich meinen persönlichen Verstand zur Ruhe bringen und die Weisheit hören kann, ist wichtig für mich und für alle von uns, die in ihrem Leben unter Bedingungen leiden, die sie schwächen, behindern, verletzen oder aufregen.

Denken - Das zweite Prinzip

Einer der Wege, auf dem sich der Geist manifestiert, ist das nächste Prinzip, das Prinzip des Denkens. Das Denken ist eine spirituelle Kraft, eine spirituelle Fähigkeit, die wir nutzen, um Formen zu schaffen, und die unser Körper nutzt, um Informationen zu organisieren.

Das Denken ist auf einer Ebene das, was wir denken. Gedanken sind in unserem Gehirn als Erinnerung gespeichert. Die Cheerios, die ich gefrühstückt habe, die friedliche Art, wie Nancy aussieht, wenn sie schläft, und der Rüpel, der mich 1966 verfolgt hat, sind alles Geschenke des Denkens mit einem großen „D," die als Erinnerungen in meinem Gehirn gespeichert sind, der Inhalt meines Lebens von Augenblick zu Augenblick.

Das Denken formt unser Leben und unseren Körper. Wenn wir uns vorstellen, eine große, saftige, gelbe Zitrone in der Hand zu halten, ihre Kühle, ihr Gewicht und ihre leicht wächserne Oberfläche zu spüren, ihren würzigen Zitrusduft zu riechen, sie zum Mund zu führen und einen großen Bissen zu nehmen und den sauren Saft über unser Gesicht rinnen zu lassen, werden unsere Speicheldrüsen aktiv.

Das Gleiche gilt, wenn wir versehentlich die Erinnerung an die wütenden, anklagenden Worte unserer Eltern über das „Nichtsnutzig-Sein" wachrufen, während wir in der Gegenwart der anklagenden Worte unseres Ehepartners darüber sind, dass wir vergessen haben, den Müll rauszubringen. Unser Körper produziert Adrenalin und wir fühlen uns defensiv und unsicher.

Sowohl im Beispiel mit der Zitrone als auch im Beispiel mit dem Müll ist es der Gedanke (und das Bewusstsein, das weiter unten beschrieben wird), ein Bild oder ein Eindruck, der durch geistige Aktivität erzeugt wird, der die Erfahrung geschaffen hat, die sich in unserem Körper manifestiert. Über das Denken sind wir spontan, hoffnungsvoll, nährend und praktisch. Über das Denken sind wir ängstlich, unsicher und gestresst.

Indem wir erkennen, dass unsere persönlichen Realitäten im gegenwärtigen Moment ausschließlich gedanklich erschaffen werden, ein Ergebnis von Bildern und Eindrücken, die wir in unserem eigenen Kopf erschaffen haben, öffnen wir die Tür zu einem tieferen Verständnis und einer tieferen Perspektive über uns selbst. Wir entdecken unsere grundlegende menschliche Kreativität wieder.

Und indem wir die durch Denken geschaffene Natur der Erfahrung erkennen, beginnen wir unsere emotionale, spirituelle und oft auch körperliche Heilung.

Alle Lebenserfahrungen entstehen durch das Denken. Wir benutzen das Denken und das Bewusstsein unschuldig und ungewollt, um uns das Leben schwer zu machen. Wir hören auf, für den immer fließenden, nie endenden Gedankenstrom offen zu sein, der uns zur Verfügung steht, und wenden uns in unserer Unsicherheit alten Erinnerungen und Vorstellungen zu. Das Ergebnis ist, dass unsere Lebenserfahrung aufgrund der Art und Weise, wie wir Bewusstsein und Denken nutzen, negativ ist. Und der Kreislauf geht weiter.

Das Denken ist tiefer als unsere Erinnerungen. Das Prinzip des Denkens ist unsere Fähigkeit, zu erschaffen, das Unbekannte zu organisieren. Das Denken ist unsere Fähigkeit, in unserem Geist ein Bild eines Baumes zu schaffen. Das Denken drückt sich auch in der Fähigkeit unserer Zellen aus, auf die Neurotransmitter und

Biochemikalien, in denen sie baden, zu reagieren und sich anzupassen.

Das Denken kommt durch uns. Wir erzeugen die Gedanken nicht, wir nutzen sie. Auf der Ebene des Prinzips spielt es keine Rolle, was uns in unserem Leben oder an unserem Körper Angst macht. Was zählt, ist, dass wir beängstigende Gedanken haben.

Auf der Ebene des Prinzips spielt es keine Rolle, dass es ein Tannenzapfen ist, der fällt, sondern das Fallen ist wichtig. Das veranschaulicht das Prinzip in Aktion, in diesem Fall die Schwerkraft.

Genauso sind es nicht unsere spezifischen Gedanken, die wichtig sind, sondern die Tatsache, dass wir entweder das Prinzip des Denkens, die Fähigkeit des Denkens nutzen können, um offen für Weisheit, Ganzheit und Verbindung zu sein, oder wir können uns dem begrenzten Ego-basierten Denken unserer persönlichen Realitäten zuwenden. Unsere Erfahrung wird in beiden Fällen durch das Prinzip des Denkens kommen.

Der Unterschied in der Art und Weise, wie ich das Denken verwende, besteht darin, dass meine Symptome, wenn sie durch die Weisheit eines tieferen Bewusstseins für die Funktionsweise des Lebens gesehen werden, weniger Bedeutung, weniger Wichtigkeit, weniger Ernsthaftigkeit, weniger Schwere haben. Sie sind sachlicher, dem gesunden Menschenverstand zugänglicher, als wenn ich sie durch mein Ego sehe.

Der Schmerz, den ich fühle, ist einfach nur Schmerz. Er tut weh, und er bedeutet etwas für meinen Körper, aber es ist nur ein Schmerz. Er bedeutet nichts über sich selbst hinaus, dass es schlimmer werden wird, dass mein Leben vorbei ist, dass meine Arbeitstage zu Ende sind oder dass ich am Ende meines Lebens allein und isoliert sein werde. Das ist es, was unsere Phantasie, unsere Unsicherheit und unsere Erinnerungen mit uns machen, wenn unser Denken persönlich ist.

Das Prinzip des Denkens erklärt, dass unsere Realitäten, ob positiv oder negativ, vom Prinzip des Denkens kommen und durch unsere persönlichen Gedanken geformt werden. Wenn Sie und ich geboren werden, haben wir keine Ahnung, was wir denken sollen, aber wir wissen, wie wir das Denken nutzen können, um eine Form zu schaffen, und das tun wir auch.

Das Prinzip des Denkens ist die umfassende Fähigkeit des Menschen, die universelle Energie, den Geist, in Form zu bringen. Alle Lebewesen haben die Fähigkeit, das Denken auf eine Weise zu nutzen, die ihnen hilft zu heilen.

In diesem Verständnis liegt ein Weg, wie wir anfangen können, Stress aus unserem Leben zu eliminieren. Es wird immer Dinge geben, die uns eine Heidenangst einjagen. Das Ausmaß, in dem wir an unserem ängstlichen Denken festhalten, bestimmt den chronischen Stress.

Die Forschung zeigt, dass Dauerstress keine gute Idee ist. Er unterdrückt die Immunfunktion. Wut, eine Form von Stress, kann unser Immunsystem ankurbeln, aber nur für eine kurze Zeit, danach fällt es unter das normale Niveau.

Wir erschaffen die Geschenke unserer Welt durch das Denken mit einem großen 'D' (das Prinzip des Denkens). Wir benutzen Gedanken, um uns dankbar und wertschätzend zu fühlen, und wir benutzen Gedanken, um uns zu ängstigen, um uns defensiv, traurig und wütend zu fühlen. Wenn wir das Denken benutzen, um uns zu ängstigen, wenn wir unsicher denken und unser Leben voller Stress ist, dann benutzen wir das Denken auf eine Art und Weise, die für unsere körperliche Gesundheit destruktiv ist.

Die Forschung bestätigt das, denn die Hormone, die unsere Nebennieren ausschütten, wenn wir ängstlich sind oder Angst haben, unterdrücken unser Immunsystem. Aus eigener Erfahrung können Sie sich wahrscheinlich an eine Zeit erinnern, in der Sie sich selbst krank oder kränker gemacht haben, weil Sie Ihrem Körper keine Ruhe gönnten, als Sie sich schlecht fühlten.

Der Missbrauch des Denkens kann Krankheit und Leiden begünstigen und den Zustand verschlimmern. Falsch eingesetzte Gedanken können die Heilung behindern. Auf die gleiche Weise können Gedanken die körperliche Heilung fördern. Gefühle wie Heiterkeit und Liebe stärken die Immunfunktion.

Der Mensch nutzt das Denken auf unendlich viele Arten. Wir nutzen Gedanken, die in unserem Gehirn als Erinnerung gespeichert sind. Wenn wir uns daran erinnern, wie unser Leben vor unserer Erkrankung war, nutzen wir die Gedanken als Erinnerung, um eine Erfahrung zu machen.

Wenn ich mich daran erinnere, wie leuchtend golden die Blätter an den Espenbäumen im Herbst sind, dann benutze ich das Prinzip des Denkens, um eine Erfahrung zu machen. Wenn wir morgens entmutigt und ängstlich über unsere Aussichten aufwachen, benutzen wir das Denken, um eine Realität zu schaffen. Wenn wir hoffnungsvoll, beschützt und sicher aufwachen, weil wir in unserem Herzen wissen, dass wir ganz und mit etwas verbunden sind, das größer ist als wir selbst, dann nutzen wir das Denken, um eine Realität zu schaffen.

Wir umarmen das Leben oder verstecken uns in unseren Erinnerungen und Ängsten - mithilfe des Denkens. Wenn ich das Denken auf weise Weise einsetze, kann ich sogar meinen persönlichen Gedanken einen Schritt voraus sein. Ich kann erkennen, wenn ich im Begriff bin, einen alten gedanklichen Weg einzuschlagen, einen Weg, den ich schon einmal gegangen bin und der nirgendwo hinführt.

Ich kann zum Beispiel anfangen, das Denken zu benutzen, um deprimiert über meine Zukunft zu sein, erkennen, dass ich das tue, eine Perspektive finden und von meinen eigenen traurigen oder beängstigenden Gedanken zurücktreten.

Als Menschen benutzen wir das Denken, um jede Welt zu erschaffen, die wir wollen. Die grundlegende Entscheidung, die wir treffen, ist, ob wir das Denken weise einsetzen, damit es uns auf lebensbejahende Weise dient, oder ob wir es durch die Filter unseres Egos und unserer Ängste benutzen.

Ich benutze das Denken, um mir eine unsichere Hölle zu schaffen, wie zum Beispiel, als bei mir zum ersten Mal MS diagnostiziert wurde. Oder ich kann das Denken auf eine Art und Weise nutzen, die hoffnungsvoll und weise ist, sodass ich im Innersten meines Herzens weiß, dass meine Seele immer sicher und geschützt ist, egal was mit meinem Körper passiert.

Der Geist ist konstant. Der Geist ist alles. Geist ist. Das Denken ist variabel. Die Gedanken sind das, was wir benutzen, um unsere Welten, unsere Erfahrungen und unsere Realitäten zu erschaffen.

Bewusstsein - Das dritte Prinzip

Das dritte Prinzip, Bewusstsein, ist ein Prinzip, das erklärt, wie wir Gedanken und die formlose Energie des Geistes für uns lebendig machen.

Der Geist ist das Ungeformte. Das Denken ist die Fähigkeit, Form zu schaffen. Die fehlende Zutat ist ein Prinzip, das die „Echtheit" erklärt, die Formen annehmen, und diese fehlende Zutat ist das Prinzip des Bewusstseins.

Das Bewusstsein ist die Macht, die wir haben und die Fähigkeit, unser Gedankengut in die Welt zu projizieren und dafür zu sorgen, dass sich unsere Gedanken für uns real anfühlen.

Wir tun dies durch unsere Sinne, durch Berührung, Geschmack, Sehen, Riechen, Hören und Emotionen oder Gefühle. Das kann so einfach sein, wie wenn ein Baum vor uns steht und das Licht, das von dem Baum reflektiert wird, durch unsere Augen fällt. Dann formen wir durch unser Denken die Idee von Baum und werden uns unseres Denkens durch das Bewusstsein bewusst, projizieren dieses Denken nach außen und Bingo, wir sehen den Baum und sagen, der Baum ist real.

Die Manifestation des Bewusstseins kann auch subtiler sein, z. B. wenn ich Angst habe und diese Gedanken in die Welt projiziere, sodass sich meine Unsicherheiten real anfühlen.

Wenn ich die Angewohnheit habe, ängstliche Gedanken zu haben, wird das Bewusstsein diese zum Leben erwecken, und ich werde ein Sorgenmacher sein. Wenn ein Sorgenmacher auf die Welt schaut, sieht er Dinge, über die er sich Sorgen macht, Dinge, die für ihn sehr real sind. Die Realität einer beängstigenden Welt kommt zu einem

Sorgenmacher durch sein Denken und seine Fähigkeit, sein Denken mit Bewusstsein lebendig werden zu lassen.

Wenn ich mir angewöhnt habe, zynische Gedanken zu haben, wird das Bewusstsein eine Realität zum Leben erwecken, in der die Welt unvollkommen ist, in der schlimme Dinge passieren, in der mir schlimme Dinge passieren und in der es nicht viel Hoffnung für mich oder die Welt gibt.

Wenn ich mir angewöhnt habe, traurige oder wütende Gedanken zu denken, dann kann meine Realität deprimierend sein - ein Verdienst des Denkens und des Bewusstseins. Das Bewusstsein lässt jeden Gedanken, den wir haben, lebendig werden und projiziert ihn in die Welt hinaus. Unsere Erfahrung der Realität ist einzig und allein unsere Erfahrung. Das Wesentliche am Wissen über die Prinzipien des Denkens und des Bewusstseins ist, dass unsere Lebenserfahrung von innen nach außen kommt. Was für uns real ist, kommt von innen, nicht von außen.

Alles, was Sie und ich denken, wird durch das Bewusstsein zum Leben erweckt und real gemacht. „Real" liegt wirklich im Auge des Betrachters. Was mir bei MS real erscheint, wird durch Gedanken und Bewusstsein real.

In diesem Wissen liegt eine große Freiheit, die Freiheit, die Erfahrung unserer Umstände zu ändern, die Freiheit, unsere Krankheiten, unsere Bedingungen und unser Leben anders zu sehen. Die Freiheit, von Verzweiflung zu Hoffnung, von Pessimismus zu Optimismus, von Depression zu Akzeptanz zu wechseln, Dankbarkeit und Freude zu empfinden - heute, in der nächsten Stunde oder jetzt.

Bewusstsein ist auch unsere Fähigkeit, wach zu sein, uns unseres Gedankengebrauchs bewusst zu sein und zu wissen, ob wir die Gedanken auf eine Weise nutzen, die heilsam oder verletzend ist, ob sie aus Liebe und Weisheit oder aus Unsicherheit unseres persönlichen Verstandes kommen.

Wenn wir das verlieren, was man eine höhere Ebene des Bewusstseins nennen könnte, kann unsere Welt mit Angst und Unsicherheit gefüllt erscheinen. Unsere Stimmung sinkt und unser Leben kann düster aussehen. Wir verlieren unsere Lebensperspektive, weil wir unseren gesunden Menschenverstand in Bezug auf unser Leben verlieren. Wir glauben an unser Denken und haben Angst vor ihm.

Der Weg aus dieser Trostlosigkeit führt über die Anhebung unseres Bewusstseins, indem wir uns vom persönlichen Denken abwenden und uns der Sicherheit und dem Schutz einer tieferen Weisheit über das Leben zuwenden.

Eine andere Art, Bewusstsein zu verstehen, ist: Wenn unsere Seelen ermächtigt sind, wenn wir dem Leben durch die Weisheit unserer Seelen zuhören, wird das Bewusstsein mehr unpersönliche Gedanken hervorbringen; Gedanken, die weise und heilend sind.

Unsere Fähigkeit, uns der Art und Weise, wie wir unser Denken einsetzen, bewusst zu sein, ist sehr mächtig. Clytee Mills, eine Freundin und psychiatrische Krankenschwester, erzählte mir die folgende Geschichte:

Vor Jahren war bei Clytee Krebs diagnostiziert und behandelt worden. Sie war verängstigt und verzweifelt.

Eines Tages ging Clytee mit einer Freundin spazieren und erzählte von ihren Ängsten. Sie erzählte ihrer Freundin, dass es schwer sei, sich nicht entmutigen zu lassen, wenn sie an einen langsamen, schmerzhaften und erniedrigenden Tod denke. Ihre Freundin sagte einfach:

„Weißt du, Clytee, es wird dir gutgehen, egal was passiert." Dieser einfache Ausspruch berührte Clytee zutiefst. Sie „hörte" ihre Freundin und war danach mit dem Verlauf und der Prognose ihrer Krankheit im Reinen.

Ich glaube, dass Clytee das, was ihre Freundin sagte, auf einer tiefen Ebene hörte, sodass sie die Wahrheit verstand. Und weil dieses tiefe Bewusstsein zu Clytees spiritueller Natur gehört, wurde sie spirituell geheilt. Clytee hörte ihre Freundin auf einer tieferen Ebene des Bewusstseins und erlebte eine sofortige und dauerhafte Veränderung ihres Herzens, eine geistige Heilung.

Ohne Bewusstsein würden Gedanken niemals zu Erfahrungen werden. Ob wir uns der Bäume im Garten, der Bilder in unseren Träumen oder unserer unsicheren Gedanken bewusst sind, das Bewusstsein macht unser Denken lebendig. Wenn unsere Gedanken beängstigend sind, sind unsere Realitäten beängstigend.

Bewusstsein könnte auch als Gewahrsein bezeichnet werden und kann persönlich oder unpersönlich sein. Wir haben ein persönliches Bewusstsein durch unsere fünf Sinne, was wir sehen, hören, fühlen, schmecken und riechen. Wenn unser persönliches Bewusstsein nicht schreit, wenn wir in Frieden sind, wenn unser Geist ruhig ist, können wir auch das hören, was man den „Beobachter" nennt, ein Bewusstsein unseres Denkens, das immer noch persönlich ist, aber eher beobachtet als erlebt.

Ich erlebe den Beobachter als ein ruhiges Gewahrsein im Hintergrund, das einfach mein Leben beobachtet, ohne zu urteilen, wie es sich entfaltet. Dieses Gewahrsein ist immer bei uns, ob wir uns dessen bewusst sind oder nicht. Auf diese kleine Stimme zu hören, kann einem unsicheren Leben wieder Perspektive und Frieden geben.

Mein persönliches Bewusstsein, das durch meinen Körper und meinen Geist lebendig wird, führt zu dieser Erfahrung: „Ich bin jetzt hier und tue dies und jenes." Wenn wir das Bewusstsein „Ich bin" ohne das „tue dies und das" haben, wird es zur einfachen Präsenz, zum Gewahrsein ohne Inhalt.

Ich weiß, dass ich mich umso wohler fühle, je mehr Klarheit ich über die Realität vor meiner Persönlichkeit habe und je mehr ich in das Gewahrsein oder den Geist jenseits meines persönlichen Bewusstseins vertraue, je mehr Leichtigkeit ich in meinem Leben habe und je mehr ich frei von Angst und Stress bin.

Das Bewusstsein, das unseren Gedankenbildern Leben einhaucht, erschafft Erfahrungen und die Gefühle, die mit ihnen einhergehen. Gefühle als biochemische Stoffe sind Teil des Nährstoffbades, in dem unsere Zellen schwimmen. Und die Forschung zeigt, dass es unseren Zellen in einem ausgewogenen chemischen Bad langfristig besser geht als in einem unausgewogenen, das Immunsystem unterdrückenden Bad von Stresshormonen.

Bewusstsein ist ein Geschenk, ein grundlegendes Geschenk des Lebens, und in Verbindung mit Gedanken kann es Wohlbefinden oder Verzweiflung bringen. Ich glaube, dass mein Immunsystem biochemisch auf positive und negative Gedanken und Bilder über das Bewusstsein reagiert, so wie meine Speicheldrüsen auf einen klar vorgestellten Schokoladenkuchen reagieren.

Die Eins-zu-Eins-Verbindung zwischen Gedanken, Bewusstsein und Gefühlen und die starke Verbindung zwischen Gefühlen und Gesundheit legen mir nahe, dass wir unserem Körper zuliebe so viel Zeit wie möglich damit verbringen sollten, frische Gedanken zu denken, anstatt alte Erinnerungen und Ängste zu verarbeiten.

Aufzuwachen oder die grundlegende Rolle des Denkens bei der Erschaffung unserer momentanen Realität zu erkennen, bedeutet, sich an die Tatsache und die Macht des Denkens und des Bewusstseins zu erinnern. Unser „Erwacht-Sein" schwankt mit unseren Stimmungen, wenn wir die Perspektive auf unsere Erfahrung gewinnen oder verlieren. Wenn wir schlecht gelaunt sind und „schlafen," sind unsere Welten schäbig und überwältigend real. Und wie beim Schlafen endet der Albtraum, wenn wir aufwachen.

Vor vielen Jahren hatte ich einen immer wiederkehrenden Alptraum, in dem ich von Wölfen gejagt wurde. Diese Alpträume endeten, als ich mir mitten im Traum sagte: „Allan, das ist nur ein Traum." Ich wachte sehr erleichtert auf und hatte den Traum nie wieder.

Das Aufwachen zur eigenen schöpferischen Kraft ist wie das Aufwachen aus einem Alptraum, einem Alptraum, der durch unsicheres Denken und missbrauchtes und missverstandenes Bewusstsein entstanden ist. In dem Maße, in dem sich dein Bewusstsein für die Wahrheit des Denkens und des Bewusstseins vertieft, in dem Maße, in dem du deine Seele ermächtigst, wird dein Körper sein Bestes tun, um zu heilen.

Weisheit

Die drei Prinzipien zu verstehen und zu sehen, wie sie in deinem Leben lebendig werden, führt zu spiritueller Heilung. Die grundlegende Entscheidung, die wir als

Menschen treffen, besteht darin, das Denken auf eine weise, heilende Weise zu nutzen oder nicht.

Wir können Gedanken und Bewusstsein nutzen, um Wissen lebendig werden zu lassen. Wissen in einem tieferen Sinne könnte man als Weisheit bezeichnen. Weisheit wird durch unser Ego und unser ängstliches Denken verdunkelt. Deshalb strampeln wir nach unserer Diagnose oft herum. Unsere Weisheit wird von der Angst überwältigt.

Wenn ich ruhig bin, wenn ich mich verbunden und ganz fühle, verwendet mein Verstand eine andere Reihenfolge von Informationen, als wenn ich unsicher oder beschäftigt bin oder mir etwas im Kopf herumgeht. Diese Weisheit enthält die Antworten, die wir brauchen, um mit unseren Problemen umzugehen. Der Mut und der gesunde Menschenverstand, die wir brauchen, um die Unebenheiten des Lebens zu meistern, kommen mit diesem Fluss des Wissens.

Als ich meine erste Diagnose erhielt, war mein gesunder Menschenverstand unter einer Lawine von Unsicherheit begraben. Die meisten von uns reagieren auf diese Weise auf solche „Neuigkeiten." Dann, als die Weisheit wieder auftauchte, als ich zur Ruhe kam, begann ich die Fakten meines Zustands klarer zu sehen, was wichtig war und was nicht und wie ich damit umgehen sollte.

In der anfänglichen Hektik des unsicheren und ängstlichen Denkens fühlte ich mich isoliert und allein. Dann, nach einigen sehr langen Wochen verzweifelter Recherche in Hunderten von Büchern und Artikeln, begann ich zu erkennen, dass das, wonach ich suchte, spiritueller Natur war und in einem tieferen Bewusstsein und in der Suche nach einer Verbindung zu etwas Größerem als mir selbst lag. Nach meiner zweiten Verschlimmerung im Jahr

1991 flüsterte die leise, beharrliche Stimme der Weisheit, bis ich auf sie hörte.

Es macht mir immer noch Spaß, über Multiple Sklerose zu forschen. Es gibt viele wirksame Behandlungen, die im letzten Jahrzehnt entwickelt wurden und es gibt Hoffnung auf Heilung. Aber ich weiß, dass die heilenden Gefühle, die ich brauche, von meiner spirituellen Natur kommen werden, dem Fluss des Wissens, den ich Weisheit nenne, nicht von meinen intellektuellen Fähigkeiten.

Anstatt zu versuchen, herauszufinden, was im Angesicht der Unsicherheit zu tun ist, ist es oft besser zu fragen: „Was ist das Klügste, was man tun kann?" Diese Frage zu stellen, kann unseren Geist für heilsame Informationen öffnen.

Ironischerweise kann ich besser über MS recherchieren, wenn ich mich an die Weisheit wende und nicht an mein eigenes unsicheres Denken, denn dann habe ich keine Angst davor, was die Forschung sagen könnte. Ich bin nicht zu optimistisch, was Studien angeht, die vielleicht nicht so gut gemacht sind, wie sie sein könnten. Ich neige nicht dazu, mich von Modeerscheinungen anstecken zu lassen. Ich bleibe hoffnungsvoll und glaube an meine Fähigkeit, ein gutes Leben zu führen, egal was passiert. Ich bleibe widerstandsfähig gegenüber meinen eigenen Höhen und Tiefen.

Wenn wir verärgert sind, liegt das daran, dass wir Gedanken benutzen, um eine Realität zu schaffen, die uns verärgert. Der Ausweg besteht nicht darin, sozusagen die Liegestühle auf der Titanic neu zu arrangieren, sondern sich für eine spirituellere Art und Weise des Gedankengebrauchs zu öffnen, die über unser persönliches Denken hinausgeht. Das ist die Art des Denkens, die ich Weisheit nenne.

Durch diese tiefere Führung sind wir in der Lage, auf

Gedanken zu achten, die gesund und lebensbejahend sind, und diejenigen zu ignorieren oder fallen zu lassen, die es nicht sind. Wir verändern unsere Lebenserfahrung und machen sie heilsamer.

Wenn wir keine Angst vor unseren Krankheiten haben, wenn wir unsere Vorstellungskraft nicht missbrauchen und unseren Unsicherheiten freien Lauf lassen, sind unsere Zustände das, was sie sind: Situationen, mit denen man umgehen muss und über die man nicht verzweifelt. Das Problem ist, dass wir das Denken auf eine unsichere Art und Weise benutzen.

Mit der Weisheit kommt der gesunde Menschenverstand. Wir tun, was in unserem Leben getan werden muss, um es so reich und befriedigend wie möglich zu gestalten. Wir verstehen, wenn wir zu sehr mit uns selbst beschäftigt sind, zu sehr auf uns selbst bedacht sind. Wir wissen, wann wir unseren chronischen Schmerz noch verstärken, indem wir uns selbst Stress machen.

Weisheit bringt uns ein Verständnis für das Leben, das uns von chronischem Stress befreit. Die Multiple Sklerose hat mir geholfen, mich der Weisheit zuzuwenden, weil sie mich extrem erschreckt hat. Wie Edgar Watson Howe 1911 sagte: „Ein guter Schreck ist für einen Menschen mehr wert als ein guter Rat". Das traf auf mich zu.

Meine alten Denkweisen, meine Überzeugungen darüber, wie das Leben funktionieren sollte, mein Verständnis reichten nicht aus, um die Krise zu bewältigen. MS war ein Weckruf, ein Zeichen dafür, dass ich ein tieferes Verständnis für das Leben brauchte.

Mein Leben ist jetzt anders als früher, ich akzeptiere meine eigenen Schwächen besser, bin geerdeter und offener für neue Ideen. Nicht wegen der MS, sondern weil sich mein

Verständnis für die Funktionsweise des Lebens und die spirituelle Natur des Lebens verändert hat. Ich habe mehr Vertrauen in die Weisheit.

Jeder, der in seinem Leben spirituell geheilt wurde, hat sich an irgendeinem Punkt für das tiefere Wissen der Weisheit geöffnet. Sie haben ihre Seelen gestärkt.

In diesem Verständnis von Geist, Denken und Bewusstsein gibt es Raum für Wunder. Es gibt viele gut dokumentierte Beispiele für spontane Heilungen. Die beiden Bücher „Remarkable Recovery: What Extraordinary Healings Tell Us About Getting Well" and „Staying Well" von Hirshberg und Barasch und das 1.000 Seiten starke „Spontaneous Remission: An Annotated Bibliography" von Hirshberg und O'Regan sind voll von Beispielen für gut dokumentierte Spontanheilungen bei einer Vielzahl von Krankheiten.

Wenn wir den Stress in unserem Leben reduzieren können, wenn wir anfangen, positive und heilende Überzeugungen über uns selbst anzunehmen, wenn wir Gedanken auf positive, heilende Weise nutzen, wenn wir unser Bewusstsein anheben, um tiefere Realitäten als unsere eigenen persönlichen Realitäten zu sehen, dann gibt es Raum für Wunder, für die Selbstheilung des Lebens.

Der gleiche Körper, der weiß, wie er eine Schnittwunde heilen kann, weiß auch viel über die Heilung von Krebs, Multipler Sklerose, Herzkrankheiten oder HIV/AIDS. Vielleicht weiß er nicht genug, um zu heilen, aber vielleicht auch doch.

Reflexion

Es gibt eine Art, über die drei Prinzipien nachzudenken, die ich als sehr kraftvoll und spirituell heilsam empfunden habe. Und zwar indem man über diese Prinzipien reflektiert. Mit Reflektieren meine ich, einen Gedanken oder eine Idee zu haben, sie in den Hinterkopf zu legen, unser Leben zu leben, unseren Verstand zu beruhigen und zuzulassen, dass Weisheit und neues Denken uns Informationen und Führung aus dem Unbekannten bringen.

Reflektieren ist die Übergabe unserer Probleme an die Weisheit, das Zurückstellen von persönlichen Agenden und persönlichem Denken. Reflektieren ist heilsam. Durch Reflexion erhalten wir Informationen über unsere Probleme, die wir durch andere Denkweisen nicht erhalten. Reflektieren erfordert Demut und Vertrauen, Demut, weil wir zugeben, dass wir die Antwort nicht kennen, und Vertrauen, dass es eine Antwort gibt.

Reflektieren führt zu gesundem Menschenverstand. Wenn ich zum Beispiel über ein beunruhigendes neues Symptom der Multiplen Sklerose reflektiere, das aufgetaucht ist, werde ich andere Antworten erhalten, als wenn ich mein persönliches Denken und meine Analysefähigkeiten auf das Problem konzentriere. Wenn ich über ein neues Symptom reflektiere, wird mir klar, ob es sich lohnt, etwas dagegen zu tun oder nicht. Es könnte mir einfallen, dass die Unsicherheit meine Fähigkeit blockiert, zu erkennen, was zu tun ist, und dass ich eine Ablenkung oder eine Pause brauche.

Reflexion bringt Perspektive und Kreativität in unsere Probleme. Reflektieren ist näher an der Einsicht als Analysieren oder Verarbeiten, und Einsicht ist Information aus dem Unbekannten.

Reflektieren klärt. Reflektieren erlaubt es dem Leben, uns zu berühren. Das Reflektieren über die Drei Prinzipien ist besonders kraftvoll, weil die Drei Prinzipien die Wahrheit unserer spirituellen Natur beschreiben. Auf einer tiefen Ebene erkennen wir ihre Gültigkeit.

Über den Geist reflektieren

Wenn ich zum Beispiel über den Geist reflektiere, berührt mich die geistige Einheit von allem, das Wunder, das Geheimnis, die Möglichkeiten und das unendliche Potenzial des Lebens. Vom Standpunkt der Heilung aus betrachtet, berührt mich die Tatsache, dass alles möglich ist. Es gibt immer Raum für Wunder.

Das Reflektieren über den Geist bringt mich zurück zur spirituellen Natur des Lebens, zu meiner spirituellen Natur. Das Reflektieren über die Intelligenz, das Know-how des Geistes und die Tatsache, dass mein Körper genetisch so verdrahtet ist, dass er mit positiven Gefühlen besser zurechtkommt, gibt mir das Gefühl, geschützt, unterstützt und sicher zu sein.

Das Reflektieren über den Geist, die unendliche Energie aller Dinge, hilft mir zu erkennen, wann ich die spirituelle Fähigkeit des Denkens missbrauche, um mir ungewollt das Leben schwer zu machen.

Über das Denken reflektieren

Wenn ich über das Denken reflektiere, bin ich berührt von dem kreativen Potenzial, das jeder von uns hat, von der Fähigkeit, die universelle Energie, den Geist, auf jede erdenkliche Weise zu nutzen, um ein Leben zu gestalten. Ich bin berührt von der erstaunlichen Fähigkeit meiner Zellen, die Informationen um sich herum zu organisieren und ihr Bestes zur Heilung zu geben.

Ich bin berührt von der Fähigkeit meines Körpers, Know-how zur Bekämpfung von Krankheiten einzusetzen, von der Komplexität, der Intelligenz des Immunsystems, seiner Fähigkeit, all die Moleküle, Substanzen und Prozesse zu organisieren und zu erzeugen, die uns schützen. Ich bin berührt von der spirituellen Natur des Denkens und davon, wie viel tiefer es ist als die Details meines persönlichen Denkens.

Über das Bewusstsein reflektieren

Wenn ich über das Bewusstsein reflektiere, bin ich berührt von der Lebendigkeit von allem, von der Wirklichkeit des Lebens durch meine Sinne, meine Gefühle, meinen Geschmack, was ich höre und sehe. Wenn ich über Bewusstsein reflektiere, bin ich berührt von dem Geschenk, wach für meine eigene Schöpfung zu sein. Ich bin dankbar dafür, dass ich am Leben bin.

Vor vielen Sommern, als ich an einem sonnigen Morgen am Lagerfeuer saß, frischen Kaffee trank und in aller Ruhe auf einen wunderschönen, vulkanischen Bergsee blickte, beschloss ein großer Falke, meinen Lagerplatz als

Jagdgebiet zu nutzen. Ich hörte ein lautes „Whoosh," schaute auf und war erstaunt, einen riesigen, vielfarbigen Vogel zu sehen, der nicht mehr als einen Meter von meinem Stuhl entfernt vorbeiflog.

Nach einem Moment verblüfften Staunens zog ich aufgeregt mein Vogelbuch hervor und blätterte durch die Seiten, um den Vogel schließlich als Rotschwanzbussard zu identifizieren. Nachdem ich ein paar Minuten über den Bussard und seinen Lebensraum gelesen hatte, zog es mich zurück, um ihn beim Aufsteigen und Stürzen zu beobachten.

Ich war dankbar dafür, dass ich mir bewusst war, wie das Bewusstsein und das Denken mir die Gelegenheit gegeben hatten, dieses schöne Tier zu beobachten und über die verschiedenen Arten zu reflektieren; wie ich das Denken eingesetzt hatte, um einerseits Informationen in meinem Kopf zu verarbeiten und andererseits mein Herz für die Gegenwart zu öffnen.

Wenn unser Bewusstsein sich erhebt, um über unsere persönlichen Realitäten hinaus zu hören und zu sehen, wenn unser Denken weniger mit dem Ego verunreinigt ist, macht es für mich vollkommen Sinn, dass unsere Körper ihr Bestes tun, um gesund zu sein.

Gedanken über die Menschwerdung

Die Drei Prinzipien beschreiben die Wahrheit dessen, was wir als menschliche Wesen sind. Wenn wir die Drei Prinzipien immer besser verstehen, sind wir in der Lage, ungesundes Denken und ungesunde Überzeugungen abzulegen und unsere heilenden Gedanken, heilenden Überzeugungen und heilenden Erfahrungen zu stärken.

Ich betrachte den Prozess der Menschwerdung folgendermaßen:

Zunächst gibt es das Universelle Gewahrsein (das Prinzip des Geistes), das sich in jedem Lebewesen manifestiert. Pflanzen, Tiere und Menschen sind eine Manifestation des Gewahrseins, das sich in physischer Form ausdrückt. Mein Körper und die Rhabarberpflanze auf meiner Veranda sind eine Manifestation des Gewahrseins. Mein Körper und mein Geist sind die Gliedmaßen des Gewahrseins.

Zweitens wird dieses Gewahrsein zu dem Gefühl der Präsenz, das man als „Ich bin" bezeichnen könnte, durch Ihren und meinen physischen Körper und Geist. Wir werden „selbst" bewusst oder „selbst"-gewahr. Das Bindeglied zwischen unserem „Selbst"-Gewahrsein und dem Gewahrsein wurde Beobachter genannt, oder unser Gewahrsein unseres Denkens. Der Beobachter ist ein neutraler Beobachter unserer Erfahrung.

Drittens: Wenn wir uns des „Selbst" bewusst werden, erleben wir das Leben durch unsere Gedanken, Gefühle und fünf Sinne und verlieben uns in unsere Identität. Der Traum ist geboren und erscheint real. Die Prinzipien des Denkens und des Bewusstseins ermöglichen es uns, unsere eigenen Realitäten zu erschaffen.

Ich hoffe, dass die Art und Weise, wie ich die Prinzipien vermittelt habe, Ihr Herz berührt und Ihre Seele ein wenig gestärkt hat. Ich empfehle dringend, dass Sie sich mit der Arbeit von Sydney Banks, der Quelle dieser Erkenntnisse und der Drei Prinzipien, beschäftigen, wenn Sie in diesem Verständnis einen Wert sehen.

Spirituelle Heilung geschieht ganz natürlich, wenn wir

unserem persönlichen Denken und Ego aus dem Weg gehen, wenn wir dem Geist erlauben, sich auf die heilendste Weise zu manifestieren, die durch das unverfälschte Denken der Weisheit möglich ist. Wenn unsere Seelen heilen, wenn wir zu sehen beginnen, wie die Drei Prinzipien in unserem Leben real sind, sind wir neugierig, zufrieden, spielerisch, erfüllt, engagiert, lebensbejahend, spirituell geheilt und widerstandsfähig gegen unser unsicheres Denken.

Und, wie ich schon sagte, in dieser Harmonie ist Platz für Wunder. Bleiben Sie Ihrer spirituellen Natur treu, dann wird es Ihnen im Herzen immer gutgehen.

Perfektes Unglück

Kapitel 4

Physische und spirituelle Heilung

„Jeder Mensch hat einen Arzt in sich; wir müssen ihn nur
bei seiner Arbeit unterstützen. Die natürliche Heilkraft in
jedem von uns ist die größte Kraft, um gesund zu werden."
*"Everyone has a doctor in him or her; we just have to help it in its
work. The natural healing force within each one of us is the greatest
force in getting well."*
Hippocrates,
Greek physician (460 BC - 377 BC)

Es gibt zwei Arten von Heilung. Es gibt körperliche
Heilung und es gibt geistige Heilung. Die eine ist eine
Heilung unseres Körpers und die andere eine Heilung
unserer Seele. Beide treten oft zusammen auf, weil unser
Geist und unser Körper eng miteinander verbunden sind.
Die Geist-Körper-Forschung, die Forschung auf dem Gebiet
der Psychoneuroimmunologie zeigt eine enge Verbindung
zwischen unserem Geist und der Fähigkeit unseres Körpers
zu heilen.

Ich werde hier nicht im Detail auf die Forschung
eingehen, obwohl ich gelegentlich eine Studie oder einen
Aspekt der Geist-Körper-Verbindung erwähnen mag.

Die Forschung ist insofern hoffnungsvoll, als sie
deutlich zeigt, dass die Heilungsfähigkeit unseres Körpers
mit der Art und Weise zusammenhängt, wie wir unseren
Verstand einsetzen. Die Verbindung kann über Gefühle
erfolgen, denn wenn wir uns besser fühlen, kann unser

Körper leichter heilen, oder sie kann in der Verbindung zwischen unseren Herzensüberzeugungen und der Heilungsfähigkeit unseres Körpers bestehen, wie bei der Hypnose, aber so oder so, unser Geist und unser Körper sind miteinander verbunden.

Ich habe gesagt, dass spirituelle Heilung eine Heilung unserer Seelen ist. Es ist eine Stärkung, ein Erkennen und Wertschätzen einer Fähigkeit, eines Aspekts unserer Menschlichkeit, den wir alle haben und der tiefer liegt als unsere Persönlichkeit, unser Ego.

Unsere Seelen sind Ausdruck einer Intelligenz, die unsere Erinnerungen und Überzeugungen, unsere persönlichen Vorstellungen vom Leben transzendiert, so dass sich unser Leben, wenn wir geistig geheilt sind, leise und manchmal dramatisch zum Besseren wandelt.

Wenn es uns nicht gutgeht und wir uns darauf beschränken, nach körperlicher Heilung zu suchen, erlauben wir unseren Fähigkeiten und den uns zur Verfügung stehenden Energien nicht, so effektiv zu heilen, wie sie es könnten, wenn wir sie ließen. Eine spirituelle Heilung bringt die Möglichkeit von Wundern mit sich, denn eine spirituelle Heilung bringt das unbegrenzte schöpferische Potenzial des Lebens mit sich, das auf unsere körperlichen Bedürfnisse Einfluss nimmt.

Ohne ein Verständnis dafür, was wir als Menschen sind, unsere spirituelle Natur, werden wir uns auf der Suche nach immer mehr Techniken wiederfinden, um zu heilen.

Es gibt viele Techniken (Meditation, Affirmationen, geführte Fantasien, Hypnose usw.), die unsere Fähigkeit zur körperlichen Heilung verbessern können, aber ohne ein tieferes Verständnis dafür, wie das Leben (mit einem großen „L"), funktioniert, ist die Wirkung dieser Techniken nur vorübergehend. Sie wirken nur unter bestimmten Bedingungen und zu bestimmten Zeiten. Sie sind nicht so mächtig, wie sie sein könnten, wenn wir sie als Teil unseres Verständnisses unserer spirituellen Natur einsetzen würden.

Spirituelle Heilung ist eine Veränderung der Art und Weise, wie wir das Leben (mit einem großen „L") sehen und wie wir verstehen, was wir sind und wer wir sind. Ohne einen solchen Wandel, ohne eine Veränderung der Art und Weise, wie wir unser eigenes Leben und das Leben selbst sehen, wird unsere Heilung nicht so tiefgreifend sein, wie sie sein könnte. Unsere Heilung wird nicht so vollständig sein, wie sie sein kann.

Ich glaube, dass Sie und ich eine spirituelle Heilung brauchen, um herauszufinden, wonach wir wirklich suchen, um ein Lebensgefühl zu finden, das uns die Lebensqualität bringt, die wir uns im Herzen wünschen. Ein Leben, das erfüllt ist von reichen, warmen Gefühlen. Und ein Leben, das oft auch körperlich geheilt ist.

Man kann dieses Buch als eine spirituelle Landkarte betrachten, eine Landkarte, die Sie zu einem Verständnis der Funktionsweise des Lebens führen kann, sod ass Sie eine spirituelle Heilung finden können. Und wie bei der Planung einer Reise durch ein Land müssen Sie schließlich die Karte beiseite legen und selbst dorthin reisen.

Sie und ich sind die Einzigen, die sich geistig heilen können. Wir müssen das Verständnis und das Wissen, das wir brauchen, selbst finden. Niemand kann es uns direkt geben, obwohl sie uns die richtige Richtung weisen können.

Obwohl sich mein Leben die meiste Zeit spirituell geheilt anfühlt, gibt es Zeiten, in denen ich diese Heilung sehr stark gespürt habe, wie unten beschrieben:

Vor vielen Jahren mieteten meine Frau Nancy und ich

eine Hütte in der Nähe von Bend, Oregon, um ein paar Tage mit Skilanglauf zu verbringen. Diese Hütte war wunderschön, mit einer Einrichtung aus knorrigem Kiefernholz, rustikalen Möbeln und einem Holzofen. Sie lag mit Blick auf einen See und war umgeben von alten Douglasienbäumen. Es war Winter und der Schnee reichte aus, um die gespurten Loipen direkt vor der Haustür zu befahren.

Am letzten Tag unseres Besuchs beschlossen Nancy und ich, ein letztes Mal Ski zu fahren, bevor wir nach Bend zurückkehrten. Wir schnallten unsere Skier an und machten uns auf den Weg. Sehr schnell merkte ich, dass der Schnee einfach zu warm war und an meinen Skiern klebte. Diejenigen von Ihnen, die schon einmal Langlaufski gelaufen sind, wissen, dass Langlauf bei warmen Bedingungen eher wie Schneeschuhlaufen ist. Der Schnee sammelt sich an der Unterseite der Skier.

Ich wollte meine letzten Momente in den Bergen nicht damit verbringen, durch den Schnee zu stapfen. Nancy hatte keine Probleme, also fuhr sie weiter Ski. Ich beschloss, zurück zur Hütte zu gehen und zu warten. Ich kehrte zurück und setzte mich vor das Feuer.

Als ich mich hinsetzte, kam mir der Gedanke, dass ich vielleicht lesen wollte. Dann kam mir der Gedanke, dass es schön sein könnte, einfach nur dazusitzen und die Hütte und die Schönheit der Umgebung in mich aufzunehmen.

Es begann zu schneien, große schwere Flocken. Das Feuer knisterte und duftete nach Kiefernholz. Unser kleiner sieben Pfund schwerer Yorkie, Amber, schlief und schnarchte leise. Es war ein wunderschöner, beruhigender Ort, um dort zu sitzen.

Während ich vor dem Feuer saß, wurde ich immer stiller,

und ein Aspekt von mir öffnete sich, der allzu oft vom Lärm meines Denkens verdeckt wird. Ich würde es meine Seele nennen. Die Welt um mich herum wurde schmerzhaft schön. Zufriedenheit und Frieden überfluteten mich.

Mit diesen Gefühlen kam eine tiefe Wertschätzung für die Schönheit des Winters, für meine Frau, dafür, dass ich in einem so herrlichen Land leben darf, für meine Gesundheit, für das Leben selbst. Ich spürte in diesem Moment ein starkes Gefühl, das ich als geistig geheilt bezeichnen würde. Mein persönlicher Verstand war ruhig. Meine Seele öffnete sich wie eine Blume in der Sonne.

Ich hatte das starke Gefühl, ganz zu sein. Das heißt, ich spürte in meinem Innersten, dass es mir gutging, dass mit mir nichts grundlegend falsch war und dass das Leben gut war. Ich fühlte mich vollständig.

Das Gefühl der Ganzheit ist ein heilender Zustand. Die Gefühle, die wir haben, wenn wir das Gefühl der Ganzheit haben, das Gefühl, dass alles in Ordnung ist, egal was unser Körper durchmacht, wenn wir mit uns und der Welt im Reinen sind, sind heilend.

Ich möchte an dieser Stelle klarstellen, dass weder die Hütte noch mein Hund, das Feuer oder der Schnee mich zu dieser spirituellen Heilung gebracht haben. Es war etwas, das in mir geschah, ein Prozess und eine Fähigkeit, deren Wahrheit ich erkennen und schätzen konnte, weil ich ein Verständnis für die Drei Prinzipien hatte. Es war nicht die Hütte oder das Wetter, es war in mir selbst. Es war meine Seele, die stärker wurde.

Ein weiteres starkes, heilsames Gefühl, das ich in der Hütte hatte, war das Gefühl, mit dem Leben auf einer tieferen Ebene verbunden zu sein, als ich es normalerweise im Laufe meines Alltags bin. Ich wusste, dass ich mit etwas verbunden war, das viel größer war als ich selbst, und dass ich geführt und beschützt wurde.

Das Gefühl der Verbundenheit ist auch Teil der spirituellen Heilung. Und wiederum geschah das Gefühl der Verbundenheit nicht wegen der Umstände, in denen ich mich befand, sondern weil ich es geschehen ließ und mich nicht einmischte.

Mein Gewahrsein, mein Bewusstsein verlagerte sich in eine tiefere Realität, und weil ich die drei Prinzipien des Geistes, des Denkens und des Bewusstseins verstand, wusste ich, was geschah.

In diesem Moment wusste ich, egal wo ich bin, egal was mein Körper tut, ich habe immer die Fähigkeit, wieder und wieder auf diese Weise zu heilen, auf meine Seele zu hören, ein spirituell geheiltes Leben zu führen, erfüllt von dem Wissen, dass ich in Ordnung bin. Ich bin ein Ausdruck von etwas, das tiefer liegt als meine Persönlichkeit – ein Gewahrsein der Liebe.

Ich weiß, dass Sie in Ihrem Leben Zeiten erlebt haben, in denen Sie sich ganz, verbunden, geschützt und sicher gefühlt haben, vielleicht beim Spielen mit Ihren Kindern oder Haustieren, bei der Gartenarbeit, beim Wandern, im Urlaub oder beim Lesen eines guten Buches.

Ich möchte, dass Sie diese besonderen Zeiten durch die Beleuchtung der Drei Prinzipien betrachten, sodass sie nicht zu isolierten Ausnahmen vom Rest Ihres „normalen" Lebens werden, sondern zu Demonstrationen des ständig verfügbaren Potenzials, das Sie und ich haben, um uns jede Minute, jede Stunde, jeden Tag geistig zu heilen.

Kapitel 5

Gedanken über Wahrheit, Ego, Freiheit und Angst

„Was für ein wundervolles Leben ich gehabt habe.
Ich wünschte nur, ich hätte es früher erkannt."
"What a wonderful life I've had.
I only wish I'd realized it sooner."
Colette,
French novelist and performer (1873-1954)

Gedanken über die Wahrheit

Sydney Banks sprach Wahrheit. Andere haben Wahrheit gesprochen, wie Syd sagt, weise Männer und Wissende. Sie haben immer dieselbe Botschaft überbracht: dass es eine Realität gibt, die vor dem persönlichen „Ich" liegt, dem Bild der Selbstbezogenheit, mit dem wir unser ganzes Leben lang durch unsicheres, persönliches Denken gefüttert werden.

Wenn ich sage: „Ich bin Allan, ein 67-jähriger verheirateter Mann, der in Bend, Oregon, lebt" und alle persönlichen Inhalte wegnehme, bleibt nur „Ich bin" übrig. Das ist näher an der Wahrheit. Wenn ich das „bin" wegnehme, bleibt nur noch „ich" übrig, Bewusstheit, die sich in der Gegenwart ohne Ego oder persönliches Denken manifestiert.

Als ich Syd zum ersten Mal hörte, hörte meine Seele Wahrheit, das Gewahrsein, das sich in der Gegenwart manifestiert. Ich war gefesselt und verwandelt.

59

Die Prinzipien Geist, Denken und Bewusstsein sind die Bausteine und die Erklärung für die menschliche Erfahrung und können uns zu einem tieferen Verständnis des Lebens führen. Sie sind „wahr" und doch sind sie selbst nicht die Wahrheit, denn die Wahrheit liegt vor dem Inhalt, bevor die Worte gesprochen oder geschrieben werden.

Wahrheit ist ein Wort, das eine Realität vor den Worten beschreibt. Wenn wir die Wahrheit aussprechen, dann deshalb, weil wir uns in einem Zustand des Bewusstseins „vor dem Inhalt" befinden, während die Worte aus unserem Mund kommen. Die Wahrheit wird aus liebevollem Gewahrsein, aus Liebe, Dankbarkeit, Mitgefühl und Seelenfrieden heraus gesprochen. Die Drei Prinzipien, aus der Wahrheit gesprochen, sind eine mächtige Heilkraft.

Wenn Menschen Wahrheit „hören," sagen sie in ihrem Herzen: „Ja, ich auch," denn wenn Syd Wahrheit spricht, spricht eine lebendige Seele zu einer lebendigen Seele, nicht ein Mensch zu einem Menschen.

Hin und wieder erlebt jemand in der Welt direkt und tief die Quelle und die Illusion des Lebens. Meistens handelt es sich dabei nicht um jemanden, den wir persönlich getroffen oder sprechen gehört haben. Meistens ist es jemand, dessen Einsichten durch heilige Schriften oder mündliche Überlieferung zu uns gekommen sind.

Ich schätze mich außerordentlich glücklich und bin dankbar, dass ich eine dieser erleuchteten Seelen getroffen habe und ihr zuhören konnte – Sydney Banks. Syd hatte in den frühen 1970er Jahren ein Erleuchtungserlebnis, das sein Leben veränderte und weiterhin das Leben von Tausenden von Menschen verändert.

Diejenigen, die Syd berührt hat, haben begonnen, in seiner Arbeit, durch seine Schriften, CDs und Videos die schlichte und einfache Wahrheit zu sehen und zu erfahren, die er sprach. Syds Wirkung beruht nicht darauf, dass er „die" Wahrheit sprach oder schrieb, sondern vielmehr darauf, dass er Wahrheit sprach. Er sprach aus einem Verständnis heraus, das vor seinen Worten stand.

Es ist ein freudiges Wunder, die Wahrheit zu leben, aber es reicht aus, im Herzen zu wissen, dass die Wahrheit real ist. Es reicht aus, an Wahrheit zu glauben und auf einer gewissen Ebene zu wissen, dass unsicheres Denken der Kern deines Leidens ist und dass du die Gaben des Denkens und des Bewusstseins nutzt, um dein Leben zu erschaffen.

Gedanken über das Ego

Es ist rätselhaft, warum ich (wir) an schmerzhaften Erinnerungen, unbequemen Gedanken, Verletzungen, Unsicherheiten, Ängsten oder negativen Gefühlen festhalten und sie nähren. Welchem Zweck dient das?

Wir können uns aus diesem selbst zugefügten Schmerz herausrationalisieren, bis wir blau im Gesicht sind, aber unsere Gefühle tauchen immer wieder auf. Warum halten wir daran fest? Warum können wir nicht loslassen und mit dem gesunden Menschenverstand und der Weisheit, mit der wir geboren wurden, vorwärts gehen?

Nachdem ich mir ein frühes Tonband (1975) von Sydney Banks angehört hatte, sah ich klar, dass der Grund, warum Sie und ich das tun, darin liegt, dass unser Ego, unser Gefühl der Selbstherrlichkeit, die Hülle, die wir aus persönlichem Denken erschaffen haben und die wir unser ganzes Leben lang geschützt haben, sich auf diese mentale Identität, dieses persönliche Selbst verlässt, selbst wenn es leidet, um zu überleben.

Negative Gefühle schützen das Ego, weil sie ihm fälschlicherweise bestätigen, dass es Schutz braucht. Ein verängstigtes „Ich" ist immer noch besser als kein „Ich," sagt der persönliche Verstand zu sich selbst.

Hinter jedem leichten Ärgernis oder tiefem Kummer steckt eine dringende Stimme, die sagt: „Denke so, Allan, auch wenn es wehtut, denn der Schmerz bestätigt die Wichtigkeit deiner Existenz. Lass nicht von diesem Denken ab. Halte daran fest, denn es ist Du."

Der Akt des Umdenkens, des Loslassens dessen, was uns schmerzt, ist unangenehm, weil es so ego-affirmativ, so real ist. Die Ironie ist natürlich, dass es Ihnen und mir gutgeht ohne all das mentale Chaos, das unser persönliches Denken erzeugt, um dem „Ich bin ich" Leben zu geben.

Frieden, Weisheit, Freude und gesunder Menschenverstand sind bereits da, wenn wir den Mut haben, hinzuschauen, bewusst zu sein und unsere Egos für eine Weile schlafen zu lassen, bis sie wieder erwachen, wie sie es immer tun werden.

Jede Angst, jede Wut, jede Frustration, jede Verzweiflung, jede Unsicherheit und jede tiefe Traurigkeit, die wir als physische Manifestationen des Verstandes je erlebt haben, kommt von dem Glauben, dass wir bedroht sind. Ohne diese Ich-Identität und all das persönliche Denken, das unser Verstand anstellt, um sie zu nähren und am Leben zu erhalten, wären wir frei von der Tyrannei und dem Leiden des „Ich."

Die Einzelheiten, wann, warum und wie wir unsere Angst erleben, sind weniger wichtig als die Erkenntnis, dass das Spiel nur gespielt wird, um unser Selbstbild zu schützen.

Die meisten von uns haben akut traumatische Ereignisse

erlebt. Eine zerrüttete Langzeitbeziehung, ein verheerendes körperliches Problem oder eine Verletzung tief empfundenen Vertrauens. Diese Ereignisse weisen bestimmte Merkmale auf. Sie treffen uns unerwartet, wir sind unvorbereitet, wir sind machtlos, jemand ist absichtlich grausam oder wir sind noch ein Kind. Unser Gefühl der Sicherheit und unsere tief verwurzelten Überzeugungen sind erschüttert, unser Vertrauen in andere und das Leben ist zutiefst verletzt.

Manchmal heilen wir schnell (wir akzeptieren unseren Schmerz, finden eine Perspektive und machen weiter) und manchmal heilen wir langsam. Woher kommt also die Hoffnung, wieder Frieden zu finden, wenn wir traumatisiert worden sind?

Hier kommen Hoffnung und Heilung her: Hoffnung und Heilung entstehen aus dem Wissen unseres Herzens, dass, egal wie erschüttert wir sind, wenn wir unseren Schmerz ehrlich akzeptieren, wir anerkennen, dass unsere Erfahrung wirklich eine Mischung aus dem ist, was uns widerfahren ist (dem Körperlichen) und den Geschichten, die wir uns selbst erzählen (dem Geistigen). So schaffen wir Raum dafür, dass unser Wohlbefinden wieder an die Oberfläche kommen kann.

Dann, schnell oder langsam, heute oder in drei Jahrzehnten, machen uns unsere Gedanken weniger Angst, wir trauern um das, was wir verloren haben, gewinnen Perspektive und finden wieder Frieden. Die Blutergüsse heilen.

Gedanken über Freiheit

Wahre Freiheit ist sowohl die Freiheit von uns selbst als auch die Freiheit, wir selbst zu sein. Sie kommt für einige wenige Glückliche in einem erleuchteten, transformierenden, zeitlosen Moment der Wahrheit. Für die meisten von uns kommt sie jedoch in einer nicht enden wollenden Reihe kleinerer Wahrheiten, erlebter „Lektionen," die manchmal haften bleiben, aber oft schnell vergessen werden, bis die nächste Lektion kommt. Wir lieben die Person, die wir erschaffen haben, sehr und möchten nur ungern ohne sie leben.

Ich hoffe, dass im Laufe meines Lebens die Lektionen und Freiheiten näher beieinander liegen und dauerhafter sind. Es gibt keine Garantien, und ich sollte dankbar sein für das, was ich bis jetzt erkannt habe. Eine dieser lästigen Lektionen besteht darin, mich daran zu erinnern, dass ich in diesem Moment dankbar sein muss und nicht in der Zukunft oder Vergangenheit feststecken darf. Und wenn mich morgen der Fahrer neben mir schneidet, werde ich diese Lektion wahrscheinlich für eine Weile vergessen, bis ich mich daran erinnere, dass ich frei sein will.

Gedanken über Angst

Ich glaube, viele von uns sind es wirklich leid, Angst zu haben, vor allem wenn wir älter werden. Ich glaube, wir alle leben die meiste Zeit in einem Zustand der Angst, können aber besser damit umgehen, wenn wir jünger und allgemein gesünder sind.

Ich schätze die Einsichten von Syd Banks und bin

dankbar, dass ich Zeit mit ihm verbringen konnte. Syds Botschaft ist, dass man sich von chronischer Angst und unsicherem Denken befreien kann, wenn man der Wahrheit zuhört (nicht seinen persönlichen Worten, sondern ihm oder anderen, wenn sie die Wahrheit sprechen) und sie „hört."

Früher hatte ich oft Schlafprobleme, aber wenn ich eine von Syds Kassetten einlegte, schlief ich leicht ein. Ich schlief ein, nicht weil Syd ein langweiliger Redner war, sondern weil mein Verstand und meine Ängste zur Ruhe kamen. Syd sprach Wahrheit und meine Seele hörte.

Syds Werk ist ein Weg zurück zu Sicherheit und Geborgenheit, wenn das Leben und Ihr Denken beängstigend werden. Seine Gewissheit und sein Wissen heilen.

Heilung von Beziehungen durch Verstehen

Nehmen wir an, ich habe einen schlechten Tag gehabt. Die Klimaanlage des Autos ist kaputt und wird teuer werden, und die Jobsuche war unergiebig. Ich treffe Nancy an der Tür und sie schenkt mir ein Lächeln und eine Umarmung. Ich entspanne mich, fühle mich beruhigt und unterstützt, und die Welt sieht wieder gut aus. Meine Beziehung zu Nancy hat sich in diesem Moment als heilsam erwiesen.

Manchmal sind wir jedoch beide unsicher und geraten auf Autopilot in einen Konflikt. Was uns davor bewahrt, tief in diese giftigen, schmerzhaften Bereiche vorzudringen, ist ein Verständnis für die Ursache unserer Erfahrung. Unsere Gereiztheit und Wut kommen aus unserer Unsicherheit. Die manchmal harsche Sprache, die wir benutzen, kommt von unserem bedrohten Ego. Wenn mein Wunsch nach Sicherheit, Bestimmung und Rückversicherung nicht erfüllt wird, fühle ich eine Form von Irritation, Entmutigung und Hoffnungslosigkeit. Wenn Nancys Wunsch nach Unterstützung und Einfühlungsvermögen nicht erfüllt wird, fühlt sie sich überwältigt, irritiert und ängstlich.

Beziehungen zueinander oder zu uns selbst können heilend sein oder nicht, stressig oder nicht. In früheren Kapiteln habe ich erörtert, dass Gefühle eng mit der Gesundheit verbunden sind. Unsere Beziehungen können jederzeit nährend und heilend oder feindselig und giftig sein.

Unsere Beziehung zu uns selbst kann heilsam und friedlich sein oder voller Verlangen und Stress, sodass wir uns schuldig fühlen, uns schämen, deprimiert sind, Forderungen stellen oder uns Vorwürfe machen. Wir können geneigt sein, uns unsere Schwächen und Unsicherheiten zu verzeihen, oder wir können stur an einem Leben festhalten, das von dieser Realität geprägt ist. Wir können recht haben oder wir können glücklich sein.

Eines der wichtigsten Dinge, die ich im Laufe der Jahre über Beziehungen gelernt habe, ist, weniger auf meine Erfahrungen zu achten, wenn mein Verstand schreit und den flüsternden Beobachter übertönt. Ich habe gelernt, dem Inhalt meines Denkens weniger Aufmerksamkeit zu schenken, bevor es mich an der Kehle packt, oder zumindest durch den Sturm „wach" zu sein.

Wenn du „das liebevolle Gefühl verloren hast," schau in dich hinein, um zu sehen, welches unsichere Denken du genährt hast, und wisse, dass das Kernproblem nicht so sehr der spezifische Inhalt deiner Gedanken ist, sondern die Tatsache, dass du überhaupt Unsicherheit genährt hast.

Beziehungen vertiefen sich im Laufe der Zeit, wenn man sie lässt, so wie sich auch unser Leben verbessert, wenn wir es zulassen. Nancy und ich stoßen immer noch auf Probleme (alte Erinnerungen, die im Moment lebendig werden), mit denen wir in der Vergangenheit konfrontiert waren, auf Unsicherheiten in Bezug auf alte Beziehungen, Überzeugungen und Ängste, aber wir neigen dazu, sie selbst zu lösen, anstatt sie endlos zwischen uns hin und her zu schieben.

Unsicheres Denken ist zweifellos das größte Problem in Beziehungen und äußert sich bei jedem Menschen auf unterschiedliche Weise. Einige von uns werden wütend, wenn sie bedroht werden, andere werden depressiv, andere ziehen sich zurück, wieder andere werden ängstlich und emotional und so weiter.

Die Erinnerungen, die unsichere Gefühle auslösen, lauern immer und manchmal tauchen sie trotz unserer Bemühungen wie Landminen auf. Mit der Zeit erkennen wir mehr und mehr, dass diese Erinnerungen, selbst wenn sie zu Emotionen werden, eine Fata Morgana sind.

Perfektes Unglück

Kapitel 6

Was sagt die Forschung?

Die Geist-Körper-Verbindung

Unseren Körpern geht es gut, wenn wir sie lassen. Das Know-how der Billionen spezialisierter Zellen, der Hormone und Neurotransmitter, der DNA und der genetischen Informationen, die von unserer Haut umschlossen sind, ist beeindruckend. Indem wir unserem Körper das geben, was er an Nährstoffen und Emotionen braucht, befähigen wir ihn, sein Bestes zu geben und dieses bemerkenswerte Know-how zu nutzen, um uns gesund zu halten.

Das Immunsystem ist das wichtigste Mittel des Körpers, um Angriffe durch Krankheiten und Toxine abzuwehren. Die Psychoneuroimmunologie befasst sich mit der Verbindung zwischen dem Geist und dem Immunsystem. Die Forschung auf diesem Gebiet weist immer deutlicher auf einen körperweiten, allumfassenden Zusammenhang zwischen dem, was wir denken, wie wir uns fühlen und unserer Gesundheit hin. Bücher von Ärzten, die zu Experten für Geist und Körper geworden sind, erfreuen sich zunehmender Beliebtheit, und ihre Autoren sind gefragte Referenten.

Nach dem gegenwärtig akzeptierten und begrenzten Stand des wissenschaftlichen Verständnisses wird die Verbindung zwischen Geist und Körper wie folgt modelliert: Ein Stressor (Tod eines geliebten Menschen) führt zu einem psychologischen Gemütszustand (Depression), der die Funktion des Immunsystems beeinträchtigt (verringerte T-Zellen-Aktivität), was zu körperlichen Gesundheitsproblemen (Krebs) führt.

Oder positiv ausgedrückt: Ein Ereignis (ein entspannender Tag am Strand) führt zu einem psychologischen Zustand (Ruhe und Gelassenheit), der sich auf die Funktion des Immunsystems auswirkt (erhöhte T-Zellen-Aktivität), was wiederum zu einer Verbesserung der körperlichen Gesundheit führt (Zerstörung von Krebszellen).

Zum jetzigen Zeitpunkt unseres wissenschaftlichen Verständnisses der oben genannten Zusammenhänge sagen Forscher, dass die Verbindung zwischen diesen Komponenten eher korrelativ als kausal ist. Nur weil „B" meistens auf „A" folgt, heißt das nicht, dass „A" „B" verursacht. Ein Stressor (z. B. eine Prüfung) wirkt sich auf verschiedene Menschen unterschiedlich aus, sodass ein Stressor allein (eine Abschlussprüfung) nicht immer einen bestimmten Gemütszustand (Angst) verursacht. Auch ein bestimmter psychologischer Zustand (Depression) kann die Funktion des Immunsystems unterdrücken, muss es aber nicht, und der genaue Grad der Unterdrückung lässt sich nicht vorhersagen. Und schließlich bedeutet natürlich auch eine Unterdrückung des Immunsystems (verringerte T-Zell-Aktivität) nicht, dass wir uns eine Krankheit einfangen werden.

Die Forschung an menschlichen Probanden ist faszinierend und relativ konsistent. Nachfolgend sind Beispiele für Verbindungen aufgeführt, die entdeckt wurden. Wenn ein spezifischer Hinweis, der einen Zusammenhang belegt, nicht angeführt wurde, verweise ich den Leser auf die Literaturübersicht von Kenneth Pelletier im American Journal of Health Promotion, 1992. Die Forschung bringt die Unterdrückung des Immunsystems und die Aktivität verschiedener Komponenten des Immunsystems mit Schlafmangel, Abschlussprüfungen, Trauerfällen, Arbeitslosigkeit und Depression in Verbindung.

Andere Studien zeigen einen Zusammenhang zwischen Stress und der Anfälligkeit unseres Körpers für Infektionskrankheiten einschließlich Krebs, allergische Erkrankungen und Autoimmunerkrankungen. Wieder andere Untersuchungen bringen Krankheiten mit spezifischen Faktoren wie Depression, Einsamkeit und Hoffnungslosigkeit in Verbindung.

Forschungen zu psychosozialen Faktoren bringen ein höheres Krebsrisiko im späteren Leben (drei- bis viermal) mit emotionaler Distanz zu den Eltern und unbefriedigenden persönlichen Beziehungen in Verbindung. Der Mangel an Unterstützung durch die Gemeinschaft und an engen Beziehungen wurde mit Arthritis, Tuberkulose, Bluthochdruck, Schizophrenie und Depressionen, koronaren Erkrankungen und der allgemeinen Sterblichkeitsrate in Verbindung gebracht.

Persönlichkeitsfaktoren wie mangelndes Durchsetzungsvermögen, die Unfähigkeit, Gefühle auszudrücken, und Hoffnungslosigkeit wurden mit Krebs in Verbindung gebracht. Rheumatoide Arthritis wurde mit Perfektionismus, Fügsamkeit, Unterwürfigkeit, Nervosität, Unruhe, Zurückhaltung und Wut in Verbindung gebracht. Herz-Kreislauf-Erkrankungen wurden mit Typ-A-Verhalten in Verbindung gebracht.

Obwohl es Zweifel daran gibt, ob wir unser

Immunsystem über ein normales „Grundniveau" hinaus verbessern können, behaupte ich, dass aufgrund der Tatsache, dass sich unser Leben oft stressig anfühlt - dass Stress zur „Norm" geworden ist - unser „Grundniveau" an Gesundheit, unser angeborenes Potenzial für gesundes Funktionieren, viel, viel höher ist, als wir denken.

Es hat sich gezeigt, dass progressive Entspannung und geführte Bilder, Hypnose, positive Einstellungen, humorvolle und humanistische Filme eine positive Wirkung auf das Immunsystem haben. Hypnose allein kann nachweislich Kontaktdermatitis verringern, Viruswarzen heilen, die Immunmodulation durch mentale Bilder verschieben und allergische Hautreaktionen und Allergien gegen Hunde verringern.

Was die psychosozialen Faktoren betrifft, so wurden die Unterstützung durch die Gemeinschaft und herzliche Beziehungen mit einem besseren Gesundheitszustand und geringeren Fehlzeiten, einem geringeren Auftreten von Krebs und Herzkrankheiten sowie kürzeren Krankenhausaufenthalten in Verbindung gebracht. Die Nähe von Ehepartnern steht in einem Zusammenhang mit der Gesundheit. Untersuchungen zeigen, dass gesunde Menschen in ihrer Kindheit positive Beziehungen zu ihren Eltern hatten, ein starkes Selbstwertgefühl, Optimismus, keine Depressionen und die Fähigkeit, mit Stress umzugehen.

Es gibt Belege dafür, dass wir unsere Gesundheit sowohl positiv als auch negativ beeinflussen können, indem wir die Art und Weise, wie wir uns fühlen, verändern, indem wir unsere Fähigkeit zur Stressbewältigung verbessern (was negative Gefühle reduziert) und indem wir die Quellen positiver Unterstützung, positiver Gefühle und des Gefühls der Sicherheit vergrößern.

Die Forschung liefert immer mehr Beweise dafür, dass unser Geist und unser Körper eng miteinander verbunden und Teil eines kommunizierenden, kooperierenden Ganzen sind, das mit Wissen gefüllt ist, und nicht zwei getrennte Einheiten. Indem wir die mentale, emotionale und spirituelle Funktionsweise unseres Geistes verstehen, öffnen wir die Tür zu körperlicher Gesundheit und Wohlbefinden.

Zusammenfassung

Unser Verstand und unser Körper sind durch Gefühle eng miteinander verbunden. Ich glaube, je mehr wir die zugrunde liegende Wahrheit der Drei Prinzipien verstehen und die Wahrheit „hören," desto mehr positive Gefühle werden wir haben und desto gesünder werden wir sein. Wie bereits erwähnt, unterstützt die aktuelle Forschung die Tatsache der Verbindung zwischen Geist und Körper. Die Drei Prinzipien des Geistes, des Denkens und des Bewusstseins führen uns zu einer philosophischen Perspektive und einem Verständnis des Lebens, einem Wissen, das meiner Meinung nach die positiven, heilenden Aspekte der Verbindung zwischen Geist und Körper fördert.

Perfektes Unglück

Kapitel 7

Die Wahrheit der tieferen Intelligenz

> „Manche Dinge müssen geglaubt werden,
> um gesehen zu werden."
> *"Some things have to be believed to be seen."*
> Ralph Hodgson,
> (1871-1962)

Die Wahrheit der tieferen Intelligenz

Als bei mir zum ersten Mal MS diagnostiziert wurde, bin ich stundenlang ziellos herumgefahren und habe mich gefragt: „Warum ich?" Ich verbrachte auch Stunden mit der Suche nach einem Wundermittel. Beides hat nicht geholfen, außer mir zu zeigen, dass das, wonach ich suchte, in meiner eigenen begrenzten Lebenserfahrung nicht zu finden war. Emotionales Herumstochern auf der verzweifelten Suche nach Lösungen hat nicht geholfen. Auf die innere Weisheit zu hören schon.

Wir alle sind unterschiedliche Menschen in unterschiedlichen Situationen mit unterschiedlichen Problemen und Umständen, aber die zugrunde liegende Ursache und das Gegenmittel für unsere Notlage sind dieselben. Es ist eine Rückverbindung mit unserer spirituellen Natur.

Als angehender Ingenieur und Systemanalytiker wurde mir beigebracht zu glauben, dass Antworten immer in einer intensiveren Analyse und Information liegen. Die Analyse funktioniert, wenn wir ALLE Variablen kennen, aber wenn wir das nicht tun, ist das persönliche Denken eine Sackgasse.

Lektüre, Workshops und Experten bringen uns nur bedingt weiter, wenn das Fundament unseres Lebens erschüttert ist. Was wir wirklich brauchen, ist eine Perspektive, nicht mehr Informationen. Wir brauchen Weisheit und nicht mehr Wissen über die Details unserer Situation. Wir müssen uns nach innen und nicht nach außen wenden.

Das Sichhingeben führt zu einem tiefen Gefühl der Sicherheit, des Geführtwerdens, des Friedens, der Liebe und einer heilenden Kraft. Eine tiefe Intelligenz, Weisheit, kommt an die Oberfläche, wenn wir loslassen, den Kopf frei bekommen und nicht mehr versuchen, die Welt mit unserem Ego zu kontrollieren. Die Antworten liegen immer gleich um die Ecke, wenn wir uns von ganzem Herzen eingestehen, dass wir keine Ahnung haben und einfach nicht wissen, was wir tun sollen.

Wenn wir uns von dem Treibgut unseres Verstandes abwenden, der wie in einem Rausch nach einer Lösung für unser Leiden sucht, wird unsere Situation klarer. In diesem Geisteszustand ist Multiple Sklerose ein Zustand, mit dem man umgehen muss, und keine unüberwindbare Katastrophe. Wenn wir mit unserer eigenen Widerstandsfähigkeit, unserer tieferen Seite, unserer spirituellen Natur in Kontakt sind, haben wir einen klaren Kopf und sind kreativ.

Persönliche Krisen schaffen Unruhe, und ironischerweise ist es die Unruhe, nicht die Krise, die unsere innere Weisheit trübt. Die Krise ist ein Anlass, nicht die Ursache. Wir strampeln während Krisen herum, weil wir das

Vertrauen in unsere innere Stimme verloren haben. Und das ist schade, denn dieser tiefere Prozess ist unsere beste Verteidigung gegen das Leiden.

Ein positiver Aspekt der MS ist, dass meine körperlichen Symptome mich daran erinnern, zur Ruhe zu kommen und mich wieder mit der Weisheit zu verbinden. Das Zucken, das Kribbeln sind kleine körperliche Stupser, sozusagen Ellbogen in meinem Bewusstsein, die mir sagen, dass ich darauf achten soll, wie ich meinen Verstand im Moment benutze.

Wenn sich der Glaube an die Weisheit bewährt und wir uns auf diese inneren Ressourcen verlassen können, lassen unsere Probleme durchweg nach. Und warum? Weil die Umstände, die wir als Probleme erleben, ob sie nun klein sind oder krisenhafte Ausmaße annehmen, aufgrund der Art und Weise, wie wir sie erleben, „Probleme" sind, und nicht, weil sie von Natur aus schmerzhaft sind. Das erinnert mich daran, wie schnell sich Tiere an Behinderungen anpassen. Ein dreibeiniger Hund ist genau das: ein dreibeiniger Hund. Er ist kein vierbeiniger Hund, dem ein Bein fehlt und der nicht mehr rennen oder Spaß haben kann.

Ohne die Angst, die unsere Probleme festhält, gehen sie vorüber und verblassen wie Albträume im Licht des Morgens. Die Lösung ist nichts anderes als der Mut und die Bereitschaft, sich der Tatsache unserer Erfahrung von innen nach außen hinzugeben.

Freigesetzte Weisheit und Genialität

Ein Vorteil der Verbindung mit unserer Weisheit und unserem gesunden Menschenverstand ist der Zuwachs an kreativer Genialität. Die Weisheit sagt uns, was als Nächstes zu tun ist, und sie gibt uns die Flexibilität, unsere Meinung zu ändern, wenn unsere Handlungen uns nicht dienlich sind.

Schöpferische Genialität muss nicht spektakulär sein, sondern nur ein Produkt frischer Einsichten. Als ein Freund und ich vor Jahren in den Bergen unterwegs waren, wurden wir wegen einer Straßenbaustelle angehalten. Als wir im Auto saßen und warteten, flog eine Biene durch das Fenster. Wir sprangen aus dem Auto. Die Biene schlug wütend gegen die Heckscheibe und versuchte zu entkommen.

Zuerst war ich verwirrt, wie ich die Biene aus dem Auto herausbekommen sollte. Als ich mir dann die Frustration der Biene vorstellte, die Freiheit zu sehen, ohne herauskommen zu können, kam mir in den Sinn, dass die Biene versuchte, zum Licht zu gelangen. Ich wusste sofort, dass sie das Fenster verlassen würde, wenn ich dort für Dunkelheit sorgte.

Die Autotüren waren bereits geöffnet, also zog ich meinen Pullover aus und drapierte ihn vor der Biene über das Fenster. Ohne einen Moment zu zögern, flog die Biene aus der Dunkelheit in Richtung Licht und auf der anderen Seite durch die offene Tür hinaus. Nicht weltbewegend, aber eine neue Idee.

Dieses schöpferische Genie hilft uns, den nächsten Schritt zur Bewältigung unseres Zustandes zu tun. Anstatt sich von Unsicherheit treiben zu lassen und unüberlegte Behandlungen anzustreben, wäre es vielleicht besser, einen Gang zurückzuschalten und ein breites Spektrum an internen und externen Lösungen in Betracht zu ziehen. Vielleicht ist das, was wir brauchen, eher eine innere Veränderung in der Art und Weise, wie wir unser Leben verstehen, als eine magische Pille.

Erwartungen

Anders als man vielleicht erwartet, sagen unsere Gedanken (Worte, Bilder und Gefühle) unseren Sinnen, was sie erfahren sollen. Das Bewusstsein macht lebendig, was wir denken.

Einmal kaufte ich einen großen Melasse-Kleie-Muffin, um ihn mit auf eine Autofahrt zu nehmen. Ich liebe Melasse und freute mich darauf, meine Zähne in dieses reichhaltig aussehende Gebäck zu versenken.

Als ich die Straße hinunterfuhr, konnte ich nicht länger widerstehen und öffnete die Zellophanverpackung. Ich brach ein großes Stück des Muffins ab und steckte es in den Mund, in der Erwartung, dass ich den vollen Geschmack der Melasse genießen würde. Der Rausch blieb aus. Obwohl der Muffin köstlich feucht war, war der Melassegeschmack schwach, und Teile waren nicht gar, sondern weich und matschig.

Als ich das Auto anhielt, las ich das Etikett des Muffins. Es stellte sich heraus, dass der Melasse-Muffin gar nicht aus Melasse bestand. Es waren Schokoladenchips. Die matschigen Stellen waren in der Tat große Schokoladenstückchen. Ich probierte noch einmal und stellte fest, dass es sich um einen großartigen Schokoladenchip-Muffin handelte.

In dieser „Muffin"-Geschichte bestimmten meine Gedanken (in Form von Erwartungen) meine körperliche Erfahrung. Eine ähnliche Erfahrung machte ein Kollege, der versehentlich gefrorenen Mandarinensaft verwendete, um etwas herzustellen, das er für Orangensaft hielt. Bevor er seinen Fehler bemerkte, nahm er einen Schluck und der Geschmack war so schlecht, dass er überlegte, wegen einer

Lebensmittelvergiftung in die Notaufnahme zu gehen. Er schaute auf das Etikett und sah, dass es Mandarinensaft war. Er nahm noch einen Schluck und es war tatsächlich ein großartiger Mandarinensaft.

Wenn ich erwarte, dass meine Symptome behindernd sind, werden sie schlimmer sein als sie sein müssen. Als bei mir MS diagnostiziert wurde, erwartete ich, behindert zu sein, fühlte mich behindert und verhielt mich behindert.

Sei vorsichtig mit deinen Erwartungen. Sie können sehr schnell zur Realität werden. In der Tat werden sie durch Gedanken und Bewusstsein unweigerlich real.

Gedanken fallen lassen

Wir speichern riesige Mengen an Informationen in unserem Gehirn. Alles, was wir erleben, landet im Gedächtnis. Jedes Bild, jedes Geräusch, jeder Geruch, jede Textur, jeder Wert, jede Meinung, jedes Urteil, jede Erwartung und jeder Glaube, den wir von unserer Geburt bis heute erlebt oder gelernt haben, wird in diesem wunderbaren Organ gespeichert.

Erinnerungen sagen uns, dass wir in der Nähe von Feuer vorsichtig sein sollen, dass wir Wasser mitnehmen sollen, wenn wir wandern und dass wir Benzin in unser Auto füllen sollen. Andere Erinnerungen, Erinnerungen an Missbrauch, an Erniedrigung, an Verletzung, an Versagen usw., schaffen Leiden, wenn sie zum Leben erweckt werden.

Erinnerungen sind gespeicherte Gedanken, und wie alle Gedanken werden sie nur dann in Gefühlen lebendig, wenn wir ihnen Aufmerksamkeit schenken. Wir haben Erinnerungen, die uns wütend und traurig machen, aber auch Erinnerungen, die uns Hoffnung und eine Verbindung zur Weisheit geben.

Ich will damit nicht sagen, dass wir negative Gedanken verdrängen oder unterdrücken sollten. Das gibt ihnen mehr Leben. Es ist das Füttern von Gedanken und das Nicht-Erkennen, dass unser Bewusstseinsniveau gesunken ist und das festhängen an Gedanken, was langfristig Leid verursacht.

Die Gedanken und Gefühle, die wir verleugnen oder verdrängen, weil sie uns Angst machen, lösen sich im Licht von Verständnis und Akzeptanz auf. Die tiefe Intelligenz, die uns zur Verfügung steht, bringt Perspektive und Selbstmitgefühl. Wir sind in der Lage zu heilen, wenn wir keine Angst vor unseren Gedanken und emotionalen Reaktionen haben.

Gedanken ohne Aufmerksamkeit sind wie Samen ohne Wasser. Was für eine Freiheit ist es, zu wissen, dass unsere Ängste und Stimmungen vorübergehen werden, wenn wir es zulassen! Was für eine herrliche Freiheit zu wissen, dass die hässlichen Realitäten, in denen Sie und ich manchmal leben, vorbeigehen werden, wenn wir es ihnen erlauben.

Indem ich mich selbst und meine Lebenserfahrung in beängstigenden Zeiten akzeptiere und in den schlimmsten Zeiten weniger Angst vor meinen Gedanken und Gefühlen habe, ermöglicht mir meine spirituelle Verbindung zum Leben, mich wieder gut zu fühlen.

Als ich jung war, verschluckte ich einen Penny. Meine Mutter eilte mit mir zu einem Arzt, der sie beruhigte, indem er vorhersagte, dass die Münze harmlos durch mich hindurchgehen würde. Nach zwei Tagen des Suchens in Sie-wissen-schon-was war der Groschen tatsächlich heraus.

Wenn wir versehentlich einen negativen Gedanken

„verschlucken" und ihn als negative Emotion zum Leben erwecken, lässt ein gesunder Geisteszustand ihn ganz natürlich und harmlos passieren. Aber selbst wenn sich die „Gedankenattacke" zu einem Brummschädel auswächst, erkennt der gesunde Teil von uns sie als das, was sie wirklich ist, nämlich nur ein weiterer Gedanke, der uns eine Heidenangst macht.

Dieses Verständnis gibt uns die Perspektive, Gedanken und Gefühle loszulassen, wenn es an der Zeit ist, und weiterzugehen. So wie ein gesunder Körper weiß, wie man den Groschen los wird, weiß die Weisheit, wie man mit negativen Gedanken und Gefühlen umgeht und sie heilt.

Vertraue dem Prozess

Vor vielen Jahren sagte Dr. Roger Mills auf der Jahreskonferenz zur Gesundheitsförderung in St. Paul, Minnesota, fast beiläufig: „Vertrauen Sie dem Prozess." Dieser Satz hat mich seit Jahren nicht mehr losgelassen. Er beschreibt eine Art zu leben und, wie ich glaube, auch eine Art zu heilen.

Wenn Sie das nächste Mal die Gelegenheit haben, ein Musikinstrument zu spielen, spielen Sie es langsam, eine Note nach der anderen. Sie werden erleben, wie die schöpferische Kraft des Geistes, des Denkens und des Bewusstseins etwas ganz Neues in die Welt bringt, die nächste Note.

Achten Sie darauf, wie sich der Prozess des Entdeckens der nächsten Note anfühlt, wie die Note Ihnen „einfällt," wie spontan und offen Sie sind. Achten Sie darauf, wie gut es sich anfühlt, wenn die Note die richtige ist (es gibt viele richtige Noten) und wie offensichtlich es ist, wenn sie es nicht ist. Eine Note führt zur nächsten und zur nächsten, ein Fluss von Noten aus dem Unbekannten, das Leben entfaltet sich, ein spiritueller Prozess.

Dieser Prozess zeigt die Einfachheit eines guten Lebens, indem man die Weisheit des Unbekannten sich in der Gegenwart entfalten lässt. Im Fall des Klavierspiels ist es der Fluss dieser Note und der nächsten, aber es könnte genauso gut dieses Gefühl und das nächste sein, diese Erkenntnis und die nächste, dieses Wort und das nächste oder diese Erfahrung und die nächste. Es ist der Prozess, der die Freude ausmacht, ein Prozess, der sowohl psychologisch als auch spirituell ist. Offen zu sein für die nächste Note in unserem Leben, sich mit dem Unbekannten wohlzufühlen, fördert die Heilung.

Langfristiger Stress kann unser Immunsystem unterdrücken und Bluthochdruck, Körperschmerzen, Schuppenflechte und Magenprobleme verursachen. Tief akzeptierte Suggestionen (Hypnose) können Warzen verschwinden lassen, uns allergisch gegen harmlose Stoffe machen und uns immun gegen giftige Stoffe machen. Und bei bemerkenswerten Heilungen und Spontanremissionen bewirken unsere Gefühle und Überzeugungen Wunder.

Die Forschung über den Zusammenhang zwischen Stress und Gesundheit zeigt, dass wir durch die Erzeugung von Stressgefühlen auch die Stressphysiologie mit ihren negativen und immunsupprimierenden Auswirkungen erzeugen. Umgekehrt erzeugen wir durch Entspannung und Stressabbau, durch die Erzeugung positiver Gefühle wie Zufriedenheit, Freude und Entspannung immunstärkende Substanzen und Prozesse.

Es scheint mir, dass es zwei primäre Prozesse gibt, die

unseren Geist und unseren Körper miteinander verbinden (beide über das Denken und das Bewusstsein).

Erstens gibt es einen Zusammenhang zwischen unseren Gefühlen und unserer Gesundheit (durch Stress und Entspannung), und zweitens gibt es einen Zusammenhang zwischen unseren stark ausgeprägten, von Herzen kommenden Überzeugungen und unserer Gesundheit. Von diesen beiden Verbindungen ist die Verbindung zwischen Glauben und Gesundheit für mich besonders interessant. Ein von Herzen kommender Glaube ist ein Gedanke, aber ein Gedanke, hinter dem die Überzeugung steht, dass er wahr ist, dass er etwas Reales widerspiegelt. Ein von Herzen kommender Gedanke als bewusster Gedanke oder als tief verwurzelter Glaube an das Leben ist eine starke Kraft. Es besteht Raum für Wunder, oder wie Sydney Banks sagte, „Leben in perfekter Bewegung."

Wir können unseren Körper durch das, was wir glauben, beeinflussen, und das tun wir auch, manchmal auf dramatische Weise. Hypnose, die sich auf den Glauben an Suggestionen auf einer tiefen Ebene stützt, kann nachweislich eine beschleunigte Wundheilung, Entzündungen, eine erhöhte oder verringerte Blutzufuhr und eine erhöhte Körpertemperatur bewirken.

Hypnose wurde zur Heilung von Warzen und zur drastischen Veränderung allergischer Empfindlichkeiten eingesetzt. Unsere Fähigkeit, unsere Gesundheit durch die Macht der Suggestion zu beeinflussen, zeigt sich auch im Placebo-Effekt, wenn z. B. Zuckerpillen Schmerzen lindern. In einer Studie verloren 30% der Patienten, denen gesagt wurde, sie bekämen eine Chemotherapie, und die stattdessen eine neutrale Salzwasserinjektion erhielten, ihre Haare - eine häufige Nebenwirkung der Chemotherapie.

Eine weitere Möglichkeit, wie sich unsere tief verwurzelten Überzeugungen auf unsere Gesundheit auswirken, sind negative mentale Gewohnheiten wie das Grübeln. Diese Gewohnheiten werden durch Unsicherheit und tief verwurzelte Überzeugungen angetrieben. Chronische Sorgen scheinen von der tief verwurzelten Überzeugung angetrieben zu sein, dass der Verlust der Kontrolle über die Umstände von Natur aus bedrohlich ist. Chronische Selbstgerechtigkeit scheint auf der Überzeugung zu beruhen, dass wir perfekt sein müssen, um geliebt zu werden, und dass die Welt schlichtweg falsch ist.

Ein Mangel an Verständnis für die innere Natur der Erfahrung veranlasst uns, dem Prozess unseres angstgetriebenen Denkens und Erinnerns zu vertrauen, anstatt der Weisheit, die das Gewahrsein mit sich bringt.

In dem Buch „Remarkable Recovery" (Hirshberg und Barasch, 1995) beschreiben die Autoren vier Phasen, die in Fällen von Spontanremissionen häufig auftreten: Krisen, Katharsis, Kongruenz und Verbindung. Betrachtet man diese Stadien aus dem Blickwinkel des Geistes, des Bewusstseins und des Denkens, so glaube ich, dass sie eine sich vertiefende Lebensweisheit widerspiegeln, die vom Loslassen alter Überzeugungen bis zur natürlichen Integration unseres inneren und äußeren Lebens reicht.

Wenn wir „dem Prozess vertrauen," wenn wir im Augenblick leben und die Weisheit des Bewusstseins in unserem Körper und Geist auf positive Weise manifestieren, arbeiten sie harmonisch zusammen, um uns gesund zu erhalten.

Wenn wir wissen, wie die drei Prinzipien, der Geist, das Bewusstsein und das Denken als spiritueller Prozess funktionieren, hilft uns das, weniger Angst vor unserem eigenen Denken zu haben und offener zu sein für Überzeugungen wie: „Es liegt in meiner Natur, gesund zu sein."

Wenn wir uns von negativen psychologischen Prozessen befreien, wenden wir uns einer spirituellen Realität zu. Wir hoffen auf unsere eigenen heilenden Selbstsuggestionen und nehmen sie leichter an. Wir sind offener für die nächste „Note" in unserem Leben. Wir sind eher in der Lage, Glaubenssätze, die uns nicht dienen, zu erkennen und loszulassen.

Vertrauen Sie also auf den Prozess der Entfaltung der Weisheit, glauben Sie in Ihrem Herzen, dass es in Ihrer Natur liegt, gesund zu sein, und lassen Sie die nächsten Töne Ihres Lebens Ihnen Gesundheit bringen.

Die menschliche Erfahrung, die durch die drei Prinzipien verstanden wird, scheint mir einleuchtend. Es ist offensichtlich, dass wir unsere Realitäten mit der Hilfe eines grundlegenden Gewahrseins (dem Prinzip des Geistes) aus dem erschaffen, was wir denken (dem Prinzip des Denkens) und dieses Denken zum Leben erwecken (dem Prinzip des Bewusstseins).

Kapitel 8

Überzeugungen, Gewohnheiten und Stress

„Das Leben ist ein Webstuhl, der Illusionen webt."
"Life is a loom, weaving illusion."
Vachel Lindsay,
The Chinese Nightingale, 1915

Die Persönlichkeit: Der Kaiser ohne Kleider

Ich glaube, dass eine tiefe Weisheit, eine tiefgreifende Intelligenz sich durch jeden von uns ausdrückt. Sie ist so real wie das Buch, das Sie gerade lesen. Sie manifestiert sich in positiven Gefühlen und ist eine mächtige Heilungs-ressource. Menschen (und Organisationen), die diese Weisheit schätzen, spiegeln sie in der Art und Weise wider, wie sie handeln, miteinander umgehen und in den Gefühlen, die sie fördern und erzeugen. Diejenigen, die diese tiefere, innere Welt nicht verstehen, schaffen ungewollt Probleme für sich und andere.

Auch wenn die Persönlichkeit faszinierend ist, wird das Wissen über sie uns nicht dauerhaft befriedigen oder die hartnäckigen Fragen und Probleme lösen, mit denen wir uns alle beschäftigen, wie z. B.: „Was ist der Sinn des Lebens?" „Warum bin ich so unglücklich?" „Wie kann ich meine Ehe retten?" „Was soll ich mit dem Job machen, den ich hasse?" „Warum bin ich so wütend/ deprimiert/ verwirrt/ eifersüchtig/ ängstlich/ besorgt/ gelangweilt/ gestresst/ ernst/ frustriert/ selbstgerecht/ ausgebrannt?"

Unsere Persönlichkeit besteht aus Glaubenssätzen und Urteilen, die wir im Laufe der Jahre erworben haben. Betrachten Sie diese Liste:

o   Es ist besser, jung zu sein.
o   Es ist wichtig, fit zu sein.
o   Es gibt einen richtigen Weg, Dinge zu tun.
o   Versagen ist schlecht.
o   Gefühle zu zeigen ist schlecht.
o   Sauberkeit ist gleichbedeutend mit Gottesfurcht.
o   Ich werde glücklich sein, wenn ...
o   Man sollte immer sein Bestes geben.
o   Äußerlichkeiten sind wichtig.
o   Risiken einzugehen ist schlecht.
o   Es ist besser, seinen Gefühlen freien Lauf zu lassen.
o   Gehe niemals wütend ins Bett.
o   Streit in der Ehe ist unvermeidlich.
o   Ein wenig Eifersucht ist gut.
o   Es ist wichtig, die Kontrolle zu haben.
o   Männer sind besser als Frauen.
o   Frauen sind besser als Männer.
o   Es gibt irgendwo da draußen einen Mr. oder eine Ms. Right.
o   Fett ist schlecht.
o   Mädchen werden niemals ...
o   Echte Männer werden nie ...
o   Liebe verschwindet immer.
o   Geld ist gleich Sicherheit, Glück ...
o   etc., etc., etc.

Wir lernen Überzeugungen von unseren Eltern, Gleichaltrigen, Lehrern, Nachbarn, den Medien und dem gelebten Leben. Wir nutzen sie, um unserem Leben einen Sinn zu geben. Wir verteidigen unsere Überzeugungen, streiten um sie und zwingen sie anderen auf.

Überzeugungen sind die Grundpfeiler unserer Persönlichkeit. Wenn sie bedroht sind, ist auch unser Ego bedroht. Das daraus resultierende Gefühl, die Unsicherheit, ist die Wurzel aller negativen Emotionen. Allen negativen Emotionen, die wir haben, liegt ein Kern von Angst zugrunde, ein Kern, der wachsen kann, bis er die Weisheit verdunkelt. Der „Geschmack" der Unsicherheit, die spezifischen Gefühle, die wir haben, hängen davon ab, wie wir gelernt haben, über die Situation zu denken, in der wir uns befinden. In dem Moment, in dem sich das unsichere Denken aktiviert, erzeugt es Ärger, Verwirrung, Langeweile, Stress, Eifersucht, Depression, Zweifel oder Schmerz, je nachdem, wie wir gelernt haben, unser persönliches Denken und Gedächtnis zu nutzen.

Wenn wir uns an einem Herd verbrennen, lernen wir daraus, dass heiße Herde verbrennen und dass wir in Zukunft vorsichtiger sein sollten. Wenn aber unser Herz durch Angst und schlechte Ernährung angegriffen ist, wenn wir krank sind, weil unser Immunsystem durch Stress geschwächt ist, wenn unsere Beziehungen nur von kurzer Dauer sind, weil wir immer unzufrieden sind mit den Menschen, mit denen wir zusammen sind, oder wenn das Leben uns nie das zu geben scheint, was wir wollen, dann sind die Lektionen, die wir lernen müssen, anderer Natur.

Diese Probleme haben mit der Art und Weise zu tun, wie wir unseren Verstand und unser Bewusstsein missbrauchen. Das ist die Ursache für unser Leiden, nicht unser Job, unser Körper, unser Partner oder das Leben im Allgemeinen. Wir haben den Feind getroffen und er ist sozusagen wir. Wir haben die Orientierung verloren und brauchen einen Bewusstseinswandel.

Man könnte diese Probleme als „Ich bin"-Probleme bezeichnen, weil sie nur in unserem persönlichen Bewusstsein existieren, dem Bewusstsein von „Ich bin so und so und tue dieses und jenes." Die Alternative ist, unser Leben mit einem tieferen Bewusstsein zu sehen und auf die Weisheit zu hören.

Die Symptome der Multiplen Sklerose verändern sich ständig, und das Potenzial für unsicheres Denken ist enorm. Zu erkennen, dass die Angst in unsicherem Denken und Orientierungslosigkeit wurzelt, hilft mir, eine Perspektive zu finden und loszulassen. Die Abkehr vom unsicheren Denken macht den Weg frei für heilende Gefühle.

Wir tun gut daran, uns daran zu erinnern, dass unsere Erfahrung in diesem Moment von einer vorübergehenden Abnahme des Bewusstseins für die von den Gedanken geschaffene Natur unseres Leidens bestimmt wird.

Gewohnheiten

„Gewohnheiten" sind erlernte Denk- und Verhaltensweisen, die so tief verwurzelt sind, dass wir nicht bewusst über sie nachdenken müssen. Sie können zerstörerisch sein.

Unsere emotionalen Reaktionen auf das Leben sind oft gewohnheitsmäßig. Wenn wir uns wütend, deprimiert, frustriert, genervt oder eifersüchtig fühlen, können wir darauf wetten, dass wir uns schon einmal so gefühlt haben, und die Reaktion ist eine Gewohnheit des unsicheren Denkens. Vor einer Tür, die geöffnet werden muss, drehen wir den Knauf im Uhrzeigersinn. Angesichts eines wütenden Ehepartners werden wir defensiv.

Gewohnheiten sind gewöhnliche Gedanken. In Verbindung mit Unsicherheit und Erinnerung richtet die Gewohnheit jedoch jede Menge emotionalen Schaden an. Unsicherheit verzerrt unsere Fähigkeit, die Welt klar zu sehen. Negatives Denken kann genauso zur Gewohnheit werden wie das Festziehen der Handbremse. Meine wütende Reaktion, wenn ich beschuldigt werde, etwas falsch gemacht zu haben, ist ebenso eine erlernte Gewohnheit wie meine Neigung, mir Sorgen zu machen.

Eines der ersten Dinge, die in einer Krise versagen, ist die Wirksamkeit unserer Gewohnheiten, die uns helfen, aus den Umständen einen Sinn zu machen. Wenn sich die Welt, unser Körper oder unsere Beziehungen zum Schlechten verändern, nützen uns Gewohnheiten nicht mehr viel.

Multiple Sklerose erlaubt mir nicht den „Luxus," mich so sehr auf alte Gewohnheiten (wie das Sorgenmachen) zu verlassen. Mein Nervensystem reagiert empfindlich auf Stress und Ungewissheit. Wenn die Unsicherheit ihre Krallen in meine Psyche schlägt, lassen mich Schwäche und Kribbeln sofort wissen, dass ich unsichere Gedanken verarbeite und im Moment Unruhe stifte. Die Lösung besteht darin, langsamer zu werden, den Kopf frei zu bekommen und meinen unsicheren Gedanken weniger Aufmerksamkeit zu schenken.

Genauso wie es mir körperlich wehtut, ängstlich zu sein, glaube ich, dass es uns allen körperlich wehtut, mit unseren Gefühlen, Emotionen und unserem Immunsystem eine Realität zu leben, die von negativen Denkgewohnheiten geprägt ist. Menschen mit unterdrücktem oder geschwächtem Immunsystem können es sich nicht mehr leisten, ihr Leben in Unsicherheit zu leben.

Stress und Heilung

Langfristiger chronischer körperlicher und geistiger Stress macht uns krank. Stress wird weitgehend missverstanden. Es wurde viel über Stress auf physiologischer Ebene geschrieben, wie er sich auf uns auswirkt und wie wir ihn bewältigen können.

Über chronischen Langzeitstress wurde wenig geschrieben, was Hoffnung auf Linderung über die bloße Bewältigung hinaus bietet. Stress wird als unvermeidliches Nebenprodukt des Lebens in einer schnelllebigen Welt behandelt und kurzfristig sogar als etwas Positives angepriesen (kurzfristiger Stress). Uns wird beigebracht, wie wir ihn abbauen, mit ihm umgehen und ihn bewältigen können, aber nicht, wie wir ihn an seiner Quelle – unserem Geist – verstehen und auflösen können.

Um chronischen, langfristigen Stress abzubauen, müssen wir verstehen, woher unsere Lebenserfahrung kommt. Stress hat eine Ursache, die tiefer liegt als unsere Lebensumstände, einschließlich unserer Ernährung, unserer Arbeit, unserer Ehe, unserer Familie, unserer Krankheiten, unseres Lebensstils, des Wetters, des Arbeitsweges, unseres Gewichts, unseres Einkommens oder unseres Familienstandes. Stressabbau bedeutet zu erkennen, wie Gedanken und Bewusstsein unsere Erfahrungen von Augenblick zu Augenblick lebendig machen. Stress findet zwischen unseren Ohren statt.

Bevor Stress zu etwas anderem wird, bevor er zu Herzrasen, einem Streit, kaltem Schweiß, einem Geschwür, einer Depression, einem Nervenzusammenbruch, einer Scheidung, einem Jobwechsel oder einer schlaflosen Nacht wird, ist Stress ein Gedanke und dann ein negatives Gefühl.

Das Gefühl ist der Punkt, an dem es sich auf unseren Körper auswirkt.

Stress ist etwas Persönliches. Tatsächlich ist Stress nicht nur ein Gefühl, sondern unser eigenes, individuelles Gefühl. Meine Stressoren sind nicht notwendigerweise Ihre Stressoren und umgekehrt. Skifahren ist für mich aufregend und für Sie beängstigend. Eine Verkehrsbehinderung ist für mich frustrierend und für Sie eine Chance zur Entspannung.

Das bedeutet nicht nur, dass es etwas in uns gibt, das unsere besonderen Beschwerden und Symptome hervorruft, sondern auch, dass die Verbindung zwischen den Umständen, die unseren Stress verursachen, und den Stressgefühlen persönlich und nicht absolut ist. Der Schlüssel zur Stressbewältigung liegt in der Erkenntnis, dass unser mentaler Stress nicht von der Welt kommt. Er kommt von uns selbst. Er entsteht durch die Art und Weise, wie wir die Gedanken im Moment nutzen.

Man könnte annehmen, dass MS stressig sein muss. Sie kann schwächend und unvorhersehbar sein. Aber tatsächlich ist MS ein Umstand, der wie andere Umstände auch die Saat einer Chance in sich trägt. Ich bin sicher nicht dankbar für die Symptome, aber ich bin sehr dankbar für den kräftigen geistigen und psychologischen Tritt in den Hintern. Ich habe eine andere Art und Weise gesehen, das Leben zu erleben, die mir ohne diese Erfahrung wahrscheinlich verborgen geblieben wäre.

Eine Frage, die Sie vielleicht im Hinterkopf haben, ist: „Wenn mein Stress nicht von meinem unausstehlichen Ehemann, meinem lausigen Job, meinem kaputten Körper, meinem schrecklichen Chef oder meinem langen Arbeitsweg kommt, woher kommt er dann?"

Unser gesamter Stress entsteht durch die Art und Weise,

wie wir unseren Verstand im Moment benutzen. Wenn wir einen bedrohlichen Gedanken haben und unser Bewusstsein sinkt (oder umgekehrt), werden wir verunsichert und verfolgen unsere Gedanken wieder und wieder. Wir fühlen die Angst, die Frustration, die Sorgen und den Druck, den wir Stress nennen.

Wenn wir einen bedrohlichen Gedanken haben, ihn aber vorbeiziehen lassen, offen bleiben für den Gedankenfluss, der uns in diesem Moment zur Verfügung steht, und mit unseren spirituellen Wurzeln in Kontakt bleiben, vermeiden wir die Emotionen und körperlichen Reaktionen von Stress.

Ziel wird es, unseren Kopf frei zu bekommen, uns wieder mit unserem Herzen zu verbinden und unsere Seele zu stärken. Wir alle haben verschiedene Möglichkeiten, mit Stress umzugehen und ihn abzubauen, aber Techniken wie Bewegung, Lesen, Medikamente und sogar Meditation lindern chronischen Stress nicht auf die langfristige und grundlegende Art und Weise, wie es das Erkennen seiner durch Bewusstsein, Gedanken und Unsicherheit verursachten Wurzeln tut.

Kapitel 9

Dem Leben zuhören

„Vergeblich - die Winde - für ein Herz im Hafen."
"Futile - the winds - to a heart in port."
Emily Dickinson,
"Wild Nights – Wild Nights!"
in "Poems," Second Series, 1891.

Gefühle und Heilung

Unsere Verbindung zu dieser Realität, der Punkt, an dem sie wirkt, sind unsere Gefühle. Gefühle sind der perfekte Indikator für unser gegenwärtiges geistiges Wohlbefinden und Verständnis. Gefühle sagen uns, wie wir gerade funktionieren, ob wir offen für das Leben sind oder uns in jedem Moment in unseren Erinnerungen befinden.

Positive Gefühle wirken sich auf unseren Körper aus, da sie uns helfen, besser zu schlafen, bestimmte Arten von Schmerzen (z. B. Kopfschmerzen) zu verringern oder zu beseitigen und Krankheiten wirksamer zu bekämpfen. Dr. Bernie Siegel, Herbert Benson, Norman Cousins, Larry Dossey und Deepak Chopra sind fünf von vielen Autoren/Experten, die anerkennen, dass die heilende Intelligenz des Körpers durch Gefühle wie Liebe freigesetzt wird.

Unser Körper braucht diese Gefühle so sicher, wie Maschinen Öl brauchen. Diese Gefühle sind jedoch mehr als nur Schmiermittel für das Leben. Ich glaube, dass der

Mensch genetisch darauf angelegt ist, Liebe und Zufriedenheit als Katalysator für Heilung zu nutzen. Diese positiven Gefühle sind ein fester Bestandteil dessen, was wir sind und wer wir sind. Tiefe Gefühle sind der Kern unseres menschlichen Wissens. Wenn wir aufhören, die Welt durch unser Ego zu definieren, und positiven Gefühlen Raum geben, kommen wir auf eine tiefgreifende Weise nach Hause.

Wenn Sie an einer Krankheit leiden, die Sie schwächt, sollten Sie wissen, dass Ihr Körper sein Bestes gibt, wenn man bedenkt, wie viele Gefühle Sie ihm zumuten. Unser Körper verfügt vielleicht nicht über das nötige Know-how oder die Ressourcen, um die Krankheit zu besiegen. Schließlich stirbt unser Körper irgendwann. Aber ob wir nun körperlich geheilt werden oder nicht, was wir finden, ist ein reiches, befriedigendes Leben im Augenblick.

Die Wahrheit, auf die die Drei Prinzipien hinweisen, ist eine mächtige heilende Kraft auf emotionaler, spiritueller und körperlicher Ebene. Ich verdanke diesem Verständnis die Heilung in meinem Leben. Es war jedoch kein Akt der Willenskraft, keine bewusste Veränderung der Umstände, keine Diät, kein Sport und nicht einmal eine Steigerung des Selbstbewusstseins, die den Ruhm verdient hat. Der aktive Bestandteil war etwas, das man als „Herzenswandel" bezeichnen könnte, die Anerkennung der Wahrheit und der Rolle, die die Drei Prinzipien in meinem täglichen Leben spielen. Dieser Sinneswandel und die Selbstakzeptanz sind heilend.

Heilung kann ganz alltäglich sein, z. B. wenn ein übergewichtiger Mann erkennt und akzeptiert, dass er seine Ängste immer mit Essen besänftigt hat, sich entspannt, seine Situation klar sieht und die Energie findet, Sport zu treiben, besser zu essen und seinen Blutdruck zu senken. Es kann dramatisch sein, wenn eine chronisch nervöse Frau, die akzeptiert, dass sie immer dazu neigte, sich unnötig Sorgen zu machen, ihren Geist beruhigt, chronischen Stress in ihrem Leben beseitigt und eine Krebsremission hat.

Es lässt sich nicht vorhersagen, wo oder wie sich körperliche Heilung in unserem Körper manifestieren wird, aber Tatsache ist, dass sie sich zumindest auf zellulärer Ebene manifestieren wird, wenn unser Körper mehr heilende Substanzen herstellt und unser zelluläres Know-how sich ausdrückt.

Akzeptanz, Vertrauen und Verständnis sind das, was die renommierte Forscherin Dr. Candace Pert (Molecules of Emotion, Scribner, 1997) „heilende Gefühle" nennt. Gefühle, die uns buchstäblich mitteilen, dass gesunde physiologische Prozesse am Werk sind, die sich um unseren Körper kümmern. Diese Gefühle, Substanzen, die Neuropeptide genannt werden, transportieren Informationen von Zelle zu Zelle zwischen unseren neurologischen, gastrointestinalen, hormonellen und immunologischen Systemen.

„Informationsstoffe" (wie Pert sie nennt) handeln in unserem Namen, um uns gesund zu halten, indem sie ein Know-how nutzen, das nicht nur unsere eigene Lebenserfahrung, sondern auch Zehntausende von Jahren genetischer Anpassung und das unendliche Potenzial des Geistes widerspiegelt.

Die Erkenntnis, dass sich unser Körper, unsere Neuropeptide, mit unseren Gedanken verändern und dass jahrelange zelluläre Erinnerungen in einem Augenblick rückgängig gemacht werden können (Zellen werden tatsächlich darauf „trainiert," die Moleküle von Sorgen oder

Depressionen sowohl zu produzieren als auch dafür empfänglich zu sein), gibt uns viel Hoffnung. Dies ist das unmittelbare physiologische Ergebnis einer geistigen Inspiration. Unser Körper reagiert augenblicklich auf unsere Gedanken.

Wir alle erleben Einsichten und Überraschungen auf dem Weg der Heilung. Die subtile und kraftvolle Wirkung der Selbstakzeptanz war für mich eine Überraschung. Der Seelenfrieden und die heilende Energie, die durch die einfache, demütige Entdeckung (manchmal auch Offenbarung) freigesetzt werden, dass wir alle weniger als „perfekt" sind, weniger als unsere Überzeugungen uns sagen, wie wir zu sein haben, und dass es in Ordnung ist, wir selbst zu sein, ist bemerkenswert. Ironischerweise entdecken wir gleichzeitig unsere Menschlichkeit, indem wir die Normen und Werte des Bekannten loslassen, und beanspruchen die unbegrenzte Intelligenz und Unterstützung des Unbekannten für uns. Wir werden all das, wovor wir Angst haben, dass wir es nicht sind. Wir werden liebevoll, während wir in unserer Angst, nicht liebevoll zu sein, passiv und nachtragend sind. Wir werden spontan und spielerisch, während wir aus Angst davor, nicht kreativ zu sein, gezwungen und ernst sind. Wir werden wirklich schön, während wir in unserem Drang, gut auszusehen, befangen und beeinträchtigt sind.

Eine weitere Überraschung war für mich, wie schädlich die Angst vor negativen Emotionen ist. Diese „Angst vor der Angst" oder die Angst vor der Sorge, vor Depressionen, Wut oder Trauer ist für unsere körperliche Gesundheit genauso schädlich wie die Emotionen selbst. Wenn wir uns vor unseren negativen Emotionen fürchten, so scheint es mir, schaden wir unserer Gesundheit auf heimtückische Weise.

Wenn wir negative Emotionen frei durch uns hindurchfließen lassen, ohne dass wir sie Wellen schlagen lassen, heilen wir.

Diese Emotionen, die durch uns hindurchgehen, ohne „hängenzubleiben," bringen überraschende Erkenntnisse mit sich. Sie geben uns Hinweise auf uns selbst, auf Lektionen, die wir nicht gelernt haben, weil die Gefühle uns real erschienen und wir Angst vor ihnen hatten.

Selbstakzeptanz, das Annehmen unserer Menschlichkeit, befreit uns von den mentalen Blockaden, die dazu führen, dass sich chronischer Stress und negative Erinnerungen auf zellulärer Ebene in unserem Körper ansammeln. Sie bringt uns geistig, emotional und physiologisch in den natürlichen, heilenden Fluss von Geist, Denken und Bewusstsein zurück.

Für diejenigen unter Ihnen, die sich eine bessere Gesundheit wünschen, gibt es Hoffnung. Hoffnung, die auf der einfachen, sehr realen körperlichen Transformation beruht, die mit der Selbstakzeptanz eintritt, wenn Sie sich von der Illusion Ihrer Ängste abwenden, Ihre Menschlichkeit akzeptieren und sich für das Unbekannte öffnen.

Dem Leben zuhören

Unser Leben entfaltet sich in diesem Moment, während ich diese Worte schreibe und Sie sie lesen. Diese Entfaltung von Augenblick zu Augenblick erfolgt durch einen intelligenten, lenkenden Prozess. Das bedeutet, dass sogar in unseren Sorgen und unserem Ärger die Saat für Gleichgewicht und Gesundheit verborgen ist. Unser Glück und unsere

Traurigkeit entstehen beide aus dem Geist, dem Bewusstsein und dem Denken, und wenn wir tief in den Prozess hineinhören, der unsere Lebenserfahrung hervorbringt, ob positiv oder negativ, entdecken wir den Weg, der uns aus unserem eigenen Leiden herausführt, wieder.

Die Entdeckung der Wahrheit ist zutiefst befreiend. Das Wissen, das aus dem Hören auf die leitende Kraft der Weisheit entsteht, stärkt unsere Seele und verbindet uns wieder mit den grenzenlosen Ressourcen des Unbekannten. Es befreit uns von den Untiefen und Strudeln unserer Reaktionen auf das Leben. Sie befreit uns von langfristigem Leid und Stress und schützt uns vor unseren eigenen, selbst verursachten emotionalen Stürmen, selbst während wir sie durchstehen.

Dieses Verständnis macht unsere beängstigenden Vorstellungen weniger beängstigend und öffnet die Türen zu neuen, glücklicheren Erfahrungen und Einsichten. Wie Emily Dickenson in „Wilde Nächte - Wilde Nächte!" sagt „Vergeblich – die Winde – für ein Herz im Hafen."

Es ist für mich überraschend und demütigend, wie viele Entscheidungen ich getroffen habe, als ich die Orientierung verlor und unschuldigerweise genau die Weisheit abschnitt, die ich brauchte. Es ist für mich überraschend, wie viele unüberlegte Entscheidungen ich aus Angst vor meinen eigenen Gedanken und Gefühlen getroffen habe. Wie unglaublich ist es, einen angeborenen inneren Kompass zu entdecken, der mich mit Einsichten aus einer tieferen, weiseren Quelle als meinen eigenen Erinnerungen leitet!

Geist, Denken und Bewusstsein, die sich auf eine dem Leben dienende Weise manifestieren, können außerordentlich subtil und mächtig sein. Der flüsternde

Gedanke, dass wir dies oder jenes nicht tun oder über dieses oder jenes streiten sollten, ist leise wie ein Flüstern, aber so hartnäckig wie ein Terrier. Der flüchtige Gedanke, dass der „Standpunkt," den wir gerade eingenommen haben, stur und begrenzt ist, anstatt fundiert und offen, ist leise beunruhigend. Wir ignorieren diese subtilen, manchmal unbequemen Geräusche auf eigene Gefahr.

Es fällt mir auf, wie oft unser Schlaf das beharrliche, unbearbeitete „Weisheitsgeflüster" widerspiegelt, das wir tagsüber ignorieren. Vor vielen Jahren litt ich unter chronischer Schlaflosigkeit. Strenge körperliche Betätigung, eine bessere Ernährung und das Vermeiden von Nickerchen halfen ein wenig, aber das Problem blieb über Jahre hinweg immer wieder bestehen.

Die Schlaflosigkeit löste sich auf, als ich mir eingestand, dass ich ängstlich WAR, WENN ich ängstlich war. Ich akzeptierte meine Menschlichkeit und meine Orientierungslosigkeit und erkannte, dass meine Ängste ausschließlich aus meinem Kopf, meiner Erinnerung und meiner Vorstellungskraft stammten. Dem Leben im Augenblick zuzuhören, heilte meine Schlaflosigkeit.

Meine Frau und ich kauften einmal ein kleines weißes Haus, von dem wir dachten, dass es der perfekte nächste Schritt in unserem Leben sein würde. Es lag in der Nähe der Stadt und schien die richtige Größe zu haben.

Als wir mit dem Immobilienmakler, Freunden und Inspektoren durch das Haus gingen, waren wir von seinem Potenzial begeistert. Wir sahen die herunterhängenden Decken und den alten Teppichboden mit den glasigen Augen hoffnungsvoller Hauskäufer.

Nancy und ich waren nervös, weil wir dieses „Fundstück" nicht an einen anderen Käufer verlieren wollten, und so schlossen wir das Geschäft mit einer Anzahlungsvereinbarung ab. Wir fühlten uns ein wenig gehetzt, aber im Großen und Ganzen zuversichtlich, was den Kauf anging.

Zwei Tage bevor wir an einem Samstagmorgen die endgültigen Papiere unterschreiben sollten, besuchten wir das Haus ein letztes Mal, um einer leisen Vorahnung nachzugehen. Nancy und ich gingen in das hintere Schlafzimmer, setzten uns auf den Boden, wurden ganz still und lauschten. Nach ein paar Augenblicken drehte sich Nancy um, sah mich an und sagte: „Es ist zu laut, nicht wahr?" Ich stimmte zu.

In diesem Moment war klar, dass der Ort zu laut war. Es gab viel Verkehr (eine stark befahrene Kreuzung am Fuße eines steilen Hügels), und das Haus war für unseren „Fenster und Türen offen"-Lebensstil nicht geeignet. Wir schluckten zweimal, riefen den Makler an, büßten unsere schmerzhaft hohe Anzahlung ein und lernten eine teure Lektion darüber, wie man auf die subtilen Botschaften des Lebens hört.

Im Nachhinein konnten Nancy und ich feststellen, dass der Straßenlärm immer im Hintergrund zu hören war, wenn wir durch das Haus gingen, aber wir ignorierten ihn und lauschten stattdessen den lauteren Informationen, die die Position unterstützten, die wir, der Makler, unsere Freunde und die Inspektoren vertreten hatten. Der Gedanke, „dieses Haus ist zu laut," hatte uns hartnäckig ins Ohr geflüstert, aber wir hatten ihn verdrängt.

Nancy und ich haben zu dem Haus gedanklich „Stellung bezogen." Wir beschlossen, dass es das Richtige für uns war. Wir haben gelernt, mit den „Positionen," die wir im Leben einnehmen, vorsichtig zu sein, egal ob es um unsere

Lebensumstände, die Menschen in unserem Leben, unsere Arbeit oder sogar unsere eigenen Gedanken und Gefühle geht. Positionen haben die Eigenschaft, die Tür zu neuen Informationen, Weisheit und gesundem Menschenverstand zu verschließen.

Sich zu sorgen ist eine Haltung zum Leben, die Haltung, dass es Dinge gibt, die es wert sind, sich Sorgen zu machen, und dass wir uns Sorgen machen „müssen." Die Sorge ist die beste Strategie, die wir uns ausgedacht haben, um uns in einer unberechenbaren Welt sicher zu fühlen. Negativität und Zynismus sind Haltungen gegenüber dem Leben, Haltungen, die besagen, dass das Leben es auf uns abgesehen hat und wir besser stärker und klüger sein sollten. Negativität und Zynismus sind die besten Strategien, die wir gefunden haben, um uns in einer ungewissen Welt sicher zu fühlen.

Sie könnten sich fragen: „Ist das die beste Strategie, um sicher zu sein? Dient sie dem Leben? Ist sie mit persönlichen oder sozialen Belastungen verbunden? Ist es eine kluge Strategie oder nur eine Gewohnheit?"

Unsichere Positionen behindern den immer fließenden Prozess des Lebens, der sich auf eine Weise entfaltet, die dem Leben dienlich ist. Unsere Gedanken leiten uns, wenn wir offen für das Leben bleiben, wenn wir zulassen, dass der nächste Gedanke und der nächste Gedanke und der nächste Gedanke uns Einsichten und neue Informationen bringen, wenn wir in der Lage sind, über das nachzudenken, was auch immer es ist, über das nachgedacht werden muss. Wären Nancy und ich in der Anfangsphase unserer Suche kontemplativer gewesen, hätten wir vielleicht den Gedanken „Es ist zu laut" gehört.

Der lenkende Prozess, der der Entfaltung des Lebens

zugrunde liegt, funktioniert am besten mit Glaube und Vertrauen. Dem Glauben, dass die Wahrheit durch den Verstand, das Bewusstsein und das Denken die Weisheit und die Einsichten bringen wird, die wir brauchen. Und dem Vertrauen in den Prozess des Verstandes, der sich auf weise Art durch uns manifestiert, um die Lebensqualität zu schaffen, die wir uns in unserem Herzen wünschen.

Kapitel 10

Führung finden

„Die Türen der Weisheit sind nie verschlossen."
"The doors of wisdom are never shut."
Benjamin Franklin,
Poor Richard's Almanack 1755.

Führung von innen:
Der pfadlose Pfad

Die Freude, die Freiheit und die Verwandlung, die sich aus dem Loslassen oder der Hingabe an ein tieferes Gewahrsein ergeben, treten ein, wenn wir uns nach innen wenden, unser unsicheres Denken fallen lassen und beginnen zu erkennen, dass wir mehr sind als unser Körper.
Wir könnten diese Transformation als „pfadlos" bezeichnen, weil es sich nicht um eine willentliche Veränderung von Glaubenssätzen, Konzepten, Ideen, Dogmen oder Ritualen handelt. Diese „pfadlose" Transformation geschieht, wenn wir in der Gegenwart sind, die Wahrheit „hören" und ein offenes Herz haben, sodass wir „sehen," dass das, was wir als Ausdruck des Geistes, des Denkens und des Bewusstseins sind, wahr ist und im Gesamtbild wichtiger ist, als wer wir sind und was wir getan haben.
    Es wird gesagt, dass es viele Wege zu Gott gibt. Alle Wege scheinen berechtigt zu sein, doch alle Wege verfehlen das Ziel, denn der Weg, das zu bekommen, was wir in unserem Herzen wollen, ist, alle Wege zu sprengen und nach

innen zu schauen.

Als ich Syd in den 1970er-Jahren die Wahrheit sprechen hörte, „hörte" ich ihn über meine persönliche Realität hinaus und erinnerte mich an etwas Wertvolles über mich selbst und das Leben. Ich begann meine Reise auf dem, was man den pfadlosen Pfad nennen könnte.

Wenn wir den Pfad, auf dem wir uns befinden, verlassen, blicken wir alle in die gleiche Richtung, indem wir den Verstand, das Denken und das Bewusstsein auf eine Weise nutzen, die unsere Seelen und Körper heilt.

„Pfadlose" Erfahrungen wie „Sehen," dass die ultimativen Antworten auf das Leben aus dem Vertrauen in Wahrheit und Weisheit kommen, anstatt endlose Listen zu erstellen und nach Informationen zu suchen. Sie geschehen, wenn wir zu schätzen beginnen, wie Denken und Bewusstsein unsere Realität von Augenblick zu Augenblick erschaffen. Sie geschehen, wenn wir uns daran erinnern, wie der Geist das Leben wunderbar macht, wenn wir ihn lassen.

Manche Menschen machen große Sprünge im Verständnis, die ihr Leben und das Leben der Menschen um sie herum verändern. Die Erfahrung von Sydney Banks ist ein Beispiel für diese Art von tiefer Einsicht und Erleuchtung.

Andere erfahren Einsichten in kleinen Sprüngen der Erkenntnis und Weisheit. Diese Sprünge im Verständnis führen uns zu tieferen Ebenen des „Erwachens," zu tieferem Vertrauen in unsere Fähigkeit, ein erfülltes Leben zu schaffen.

Die wirklich guten Gefühle im Leben sind unser Geburtsrecht. Wir haben sie aufgrund dessen, was wir als Menschen sind, und nicht aufgrund dessen, wer wir als Individuen sind oder aufgrund unserer Umstände. Liebe,

Freude und Zufriedenheit liegen in uns wie Perlen in Austern. Die Liebe ist die Standardeinstellung, das, was übrig bleibt, wenn unsere Ängste verschwunden sind.

Ich glaube, dass die Liebe uns den gesunden Menschenverstand gibt, mit dem Leben umzugehen, und unserem Körper hilft, zu heilen. Der alte John-Lennon-Song besagte: „All you need is love." Er hatte recht, denn die Liebe ist der Kern von allem, was wir wirklich, wirklich in unserem Herzen wollen.

Das Paradies genießen

Zentral-Oregon ist zweifellos einer der schönsten Orte der Welt. Es gibt Seen, Flüsse, Berge, Bäume, Wüsten, viel Sonnenschein, alle vier Jahreszeiten, wilde Tiere und Feste im Überfluss. Selbst hier, in all dieser Schönheit, kommt mein Verstand mit seiner Geschäftigkeit und seinem Ich-Bewusstsein manchmal den reichen Gefühlen in die Quere, die Schönheit hervorrufen kann. Sogar im Paradies kann mein Verstand laut sein.

Das Leben ist ein Kontaktsport. Ein Teil von uns würde es gerne vorhersehbar machen. Wir würden uns wünschen, dass unsere Ehen stark bleiben, unsere Körper gesund bleiben, unsere Unternehmen solvent bleiben und unsere Kinder klug, erfolgreich und glücklich sind. Aber leider ist nichts so sicher wie die Ungewissheit. Der Versuch, die Kontrolle über eine unbeständige Welt zu behalten, ist wie das Jonglieren mit einem Dutzend Macheten.

Wie befreiend ist es, zu wissen, dass wir mit gar nichts jonglieren müssen. Es gibt eine Antwort auf unser Leiden, einen Weg zurück zu einem zutiefst befriedigenden Leben und Wohlbefinden. Es ist so einfach, wie sich an das zu erinnern, was wir in unseren Herzen bereits wissen, wenn wir das Denken auf die Art und Weise nutzen, für die es gedacht ist: als liebevoller Ausdruck des Geistes, des Denkens und des Bewusstseins. Leben ist gut.

Heute ist ein wunderschöner Frühlingstag. Keine fünfzig Meter von mir entfernt genießen mindestens hundert Enten, Kanadagänse und Schwäne die Sonne und lassen sich auf dem Mirror Pond treiben, zufrieden mit ihrem Leben. Mir kommt der Gedanke, dass diese Szene eine Metapher für das Leben in seiner besten Form sein könnte. An diesem Ort bin ich zufrieden, habe einen Sinn für mein Ziel und weiß, was ich bin, vor dem „Ich bin so und so, tue dies und das" und worum es in meinem Leben geht. Ich habe keinen besseren Ort als hier, keine besseren Gefühle als die, die ich jetzt habe. Das ist gut, das ist es.

Wenn wir so denken, ist die Welt auf eine ruhige Art und Weise in Ordnung. Die Freude an unserer Familie, unseren Freunden, unseren Haustieren, unserer Arbeit und unserem Zuhause ist es, worum es geht. Eine der größten Freuden des Lebens ist es, an diesen ruhigen Ort zurückzukehren, diesen Ort der Heilung, diesen Ort der liebevollen Aufmerksamkeit.

Es scheint mir ein guter Weg zu sein, dieses Buch zu beenden, indem ich sage, dass eines der besten Dinge, die wir für uns selbst tun können, darin besteht, auf die Wahrheit zu hören (Sydney Banks sprach die Wahrheit) und unser Verständnis des Lebens zu vertiefen, indem wir über Geist, Denken und Bewusstsein nachdenken. Wenn wir das tun, wird sich dieses Leben um uns kümmern, indem es die Gefühle und heilenden Ressourcen freisetzt, die den Menschen seit Anbeginn der Zeit physische und spirituelle

Lösungen für ihre körperlichen und emotionalen Herausforderungen gegeben haben.

Was für ein Privileg ist es, hier zu sein. Was für eine Odyssee dies ist. Was für eine magische, mystische, geheimnisvolle und wunderbare Reise, auf der wir alle zusammen sind. Alles Gute ...

Perfektes Unglück

Anhang

Dr. Roger Mills lernte Sydney Banks in den späten 1970er-Jahren auf Saltspring Island durch John Enright, einen Psychiater aus San Francisco, kennen. Dr. Mills war tief bewegt von Syds Bescheidenheit, seinen Einsichten und seiner Erfahrung.

Dr. Mills lud sechs Ausbilder seines staatlich finanzierten Programms für Primärprävention in Eugene, Oregon, ein, darunter auch mich, nach Saltspring Island zu kommen, um Sydney Banks zu hören, wie er sein einzigartiges Verständnis von psychischer Gesundheit erklärt.

Im Folgenden finden Sie ausgewählte Teile des transkribierten Interviews, das ich in den späten 1970er-Jahren mit Dr. Mills führte. Es handelt sich um ein Gespräch darüber, wie die Begegnung mit Sydney Banks ihn als Seminarleiter und Ausbilder beeinflusst hat.

Das Interview ist Teil meiner Magisterarbeit von 1980 an der University of Oregon mit dem Titel: „Human Relations Trainer: Eine ethnomethodologische Untersuchung von Fragen und Auswirkungen". Die Arbeit ist eine informelle Studie darüber, wie sich die Durchführung von Human-Relations-Trainings auf uns auswirkte und wie die Begegnung mit Syd und das Zuhören bei Syd einige von uns als Trainer beeinflusste.

Wenn Sie weitere Informationen über die Dissertation wünschen, kontaktieren Sie mich unter: **aflood@q.com**

Dr. Roger Mills –
Ausgewählte Teile eines Interviews aus den späten 1970er-
Jahren

Allan: Wie wurdest du Syd vorgestellt? War das durch
George (Pransky)?

Roger: Ja, George (Pransky) und John (Enright) waren dort
(Kanada) zu einem Vortrag in Nanaimo (British Columbia,
Kanada) gefahren. George (Pransky) kam zurück und ich
konnte sehen, dass er wirklich davon beeinflusst war.

Also ging ich etwa einen Monat später hin und hörte ihn
(Sydney Banks) sprechen und erkannte, dass er etwas viel
Tieferes sah, als ich es sah. Ich hatte noch nicht einmal an
der Oberfläche dessen gekratzt, was er sehen konnte (lacht).
Da wurde mir klar, dass ich so viel wie möglich mit ihm zu
tun haben wollte.

In der Präventionsschulung, die danach stattfand,
konzentrierten wir uns nicht mehr nur auf die persönlichen
Muster und individuellen Überzeugungen der Teilnehmer.
Wissen Sie, wir hatten all diese Übungen darüber, wie
Menschen Muster und Beziehungen betrachten.

Wir entfernten uns von den Einzelheiten und fingen an,
unpersönlicher und allgemeiner darüber zu sprechen, dass
alle Menschen gleich sind. Einfacher, einfach darüber, wie
das Ego funktioniert und wie Unsicherheit funktioniert.

Das ist es, was ich wirklich von Syd gelernt habe,
nämlich zu erkennen, dass die Wurzel aller Muster
Unsicherheit ist. Sobald eine Person unsicher wird, erschafft
sie diesen Gedanken der Unsicherheit, der das Gefühl
erzeugt, und dann sucht sie nach etwas, an das sie dieses
Gefühl der Unsicherheit knüpfen kann.

Sie verbinden es mit all den Dingen, vor denen sie Angst hatten, die ihnen in ihrem Leben widerfahren sind, und mit all den Dingen, bei denen sie sich unsicher sind, ob sie genug Geld verdienen oder in ihren Beziehungen das Richtige tun. Oder sie schauen nach außen und geben jemand anderem die Schuld. Aber sie finden etwas, woran sie es festmachen können. Jeder Mensch findet etwas anderes, woran er es festmacht.

Aber ich fange an zu erkennen, dass es sinnlos ist, über diesen Punkt hinauszugehen, über den Punkt hinaus, an dem sie ihre Unsicherheit an eine bestimmte Form binden, und den Menschen zu helfen, zu verstehen, wie die Unsicherheit in uns allen vor der Form funktioniert, bevor sie sich in einem bestimmten Verhaltensmuster manifestiert oder was auch immer sie damit gemacht haben.

Allan: Wie hat sich das in den Trainings manifestiert?

Roger: Die Trainings wurden unpersönlicher und kürzer und weniger „prozesshaft," weniger „techniklastig." (Wir) ließen viele Techniken, die wir anwandten, fallen, veränderten sie und machten sie einfacher und direkter, geradliniger.

Wir begannen, mehr von unserer eigenen Weisheit oder unserem gesunden Menschenverstand, den wir über das Leben gelernt hatten, weiterzugeben, Beispiele zu geben und die Leute aufzufordern, sich damit zu identifizieren und Beispiele aus ihrem eigenen Leben zu geben.

Wir haben die Technik während der Förderung nicht ganz aufgegeben, weil wir zu unsicher waren. Wir hatten den Zuschuss erhalten, das Geld bekommen, um bestimmte Dinge zu tun, und die Leute hatten Erwartungen. Das waren

Perfektes Unglück

die Gründe, warum wir die Techniken nicht ganz aufgeben konnten.

Wir haben viel weniger Zeit damit verbracht, Dinge zu tun, und mehr Zeit damit verbracht, das Gelernte auf einfachere Weise weiterzugeben, sodass sich die Seminare in die Richtung bewegten, die Trainingsseminare bewegten sich in die Richtung, in der die Seminare auf der Insel (Saltspring Island) verliefen.

Empfohlene Ressourcen

Bailey, Joseph. "Slowing Down to the Speed of Life," "The Speed Trap," "Fearproof Your Life," www.joebaileyandassociates.com

Banks, Sydney. "Second Chance," "In Quest of the Pearl," "The Enlightened Gardener," "The Enlightened Gardener Revisited," "The Missing Link," www.sydneybanks.org

Carlson, Richard. "You Can Feel Good Again."

Flood, Allan.
CD – "Mind, Thought, Consciousness and Healing"
Books – "Management by Inspiration," 2020 (CCB Publishing), "Perfect Misfortune," (5 editions), the most recent in 2020 (CCB Publishing).
Master's Degree Thesis – "Human Relations Trainers: An Ethnomethodological Exploration of Issues and Effects," 1980.

Allan bietet Fernberatung per Skype, Telefon und E-Mail für Einzelpersonen, Paare und Geschäftskunden an. Wenn du mehr darüber erfahren möchtest, wie diese Fernberatung für dich oder deine Organisation funktionieren könnte, kontaktiere ihn unter: **aflood@q.com**

Kausen, Robert. "Customer Satisfaction Guaranteed," "We've Got to Stop Meeting Like This."

Pransky, George. "The Relationship Handbook," www.pranskyandassociates.com

Pransky, Jack. "The Healthy Thinking, Feeling and Doing Curriculum," "Modello," 2011 (CCB Publishing), "Somebody Should Have Told Us!" 2011 (CCB Publishing), "Parenting from the Heart," 2012 (CCB Publishing), "Paradigm Shift" 2015 (CCB Publishing), "Seduced by Consciousness" 2017 (CCB Publishing), "Hope for All," 2019 (CCB Publishing), www.healthrealize.com

Quiring, Linda. "Island of Knowledge," 2015 (CCB Publishing), "Beyond Beliefs," 2016 (CCB Publishing), "Encounters with an Enlightened Man," 2017 (CCB Publishing).

Informationen und Kontaktaufnahme mit Allan Flood:
Facebook: https://www.facebook.com/allan.flood.18
E-Mail: aflood@q.com